KNAUR
MENSSANA

Jutta Tappeiner Ebner

DIE Rosen-APOTHEKE

Traditionelle Heilrezepte mit der Königin der Blumen

KNAUR
MENSSANA

Besuchen Sie uns im Internet:
www.mens-sana.de

MIX
Papier | Fördert gute Waldnutzung
FSC® C018236

Fremdlizenz April 2024

Redaktion: Karin Weber
Covergestaltung: atelier-sanna.com, München
Coverabbildung: © atelier-sanna.com, München
Abbildungen im Innenteil:
S. 12 Ortis/stock.adobe.com (mehrfach); S. 23 istry/stock.adobe.com; S. 56 N_Melanchenko/stock.adobe.com; S. 88 Basicmoments/stock.adobe.com; S. 136 Annika Gandelheid/stock.adobe.com; S. 140 prezent/Getty Images; S. 179 Artem/stock.adobe.com; S. 183 Vor- und Nachsatz Florian Andergassen; alle übrigen Abbildungen von Shutterstock.com
Satz und Layout: Adobe InDesign im Verlag
Druck und Bindung: Drukarnia Dimograf
Sp. z o. o., Bielsko-Biała, Polen
ISBN 978-3-426-44784-0

2 4 5 3 1

Dieses Buch widme ich
der Liebe meines Lebens.
Welch ein Glück,
dir begegnet zu sein!

INHALT

VORWORT

Das Leben durch die Rosenbrille betrachten

Unsere Gedanken sind mächtig. Sie haben Einfluss auf unsere Gefühle, unsere Handlungen und unsere Beziehungen. Wer viele positive Gedanken hat, zieht weitere positive Gedanken an, die in unserem Gehirn eine chemische Reaktion in Form von Emotionen auslösen. Diese werden dann zu Gefühlen, die wir körperlich wahrnehmen. So, wie wir uns fühlen, so handeln wir.

Das Leben durch die Rosenbrille zu betrachten kann dafür sorgen, dass wir uns paradiesisch fühlen. Es kommt, wie überall im Leben, auf die innere Einstellung an, und die lässt sich antrainieren.

Edith Piaf besingt es im Jahr 1945 in ihrem Chanson »La vie en rose« – das Leben in Rosa. Wer liebt, befindet sich in einer anderen Welt, in einer Welt voll blühender Rosen. Liebe ist pure Leidenschaft. Rosenliebe ebenso, sie ist reiner Seelenbalsam und lässt die Welt in uns und um uns erstrahlen.

Wer jeden Tag genießt und jedes Lebensjahr als Geschenk begreift, ist zufrieden und für jeden glücklichen Moment dankbar. Glück ist nichts anderes als eine Aneinanderreihung glücklicher Augenblicke, und mit der Zeit nimmt »die Seele die Farbe der Gedanken an«, wie der römische Kaiser Marcus Aurelius schon im 2. Jahrhundert philosophierte.

Schönes zu betrachten, in Rosendüften zu schwelgen, die Natur zu spüren … dies erweckt positive Emotionen. Bei mir stellen sich diese schon allein durch das Betrachten von Rosenbildern ein. »La vie en rose« in diesen besonderen Zeiten, das wünsche ich euch, liebe Rosenfreundin und lieber Rosenfreund, wenn ihr in diesem Buch blättert. Möge meine Liebe zur Königin der Blumen auch euer Leben bereichern.

Halt mich nah bei dir und
halt mich fest,
der magische Zauber,
den du bewirkst,
das ist, wie durch eine
rosarote Brille zu sehen.
La vie en rose, 1. Strophe

IM ROSENHIMMEL: ÜBER DIESES BUCH

Eine Rose erfreut das Herz und die Sinne, sie ist Heilmittel, Schönheitsgeheimnis und Seelenbalsam in einem. Für uns Rosenliebhaberinnen und -liebhaber ist sie sogar noch viel mehr, sie holt uns für einen Augenblick den Himmel auf die Erde. Im Rosenhimmel symbolisieren Rosen das Ur-Weibliche, das ich mit Fülle, Lebenskraft, Fruchtbarkeit und Lebenslust verbinde. Die Rose steht für das Sich-Aufrichten, für das Nach-oben-Wachsen und das Leuchten. Sie steht für den Blütenrausch, der uns mit seinem Duft und seiner unbeschreiblichen Schönheit verzaubert. Sie steht für Veränderung und Verwandlung im Laufe des Jahres und des Lebens, vom Knospen über das Blühen und Reifen bis zum Verwelken. Wie ein Lebenskompass unterstützt sie unsere Entfaltung und Weiterentwicklung.

Seit fast 40 Jahren fasziniert mich alles, was uns die Natur an Blüten und Düften schenkt. In dieser langen Zeit habe ich viel gelernt und Kurse, Ausbildungen und Weiterbildungen im In- und Ausland besucht. Mit den Jahren wurde ich immer neugieriger.

Noch spannender als das Lernen sind die persönlichen Erfahrungen, die sich im praktischen Tun erweitern und die ich im Laufe der Zeit wie einen Schatz gesammelt habe. In meinem kleinen Paradiesgartele erfreue ich mich an den Kräutern, Rosen und der Wildnis dazwischen. Dankbar ernte ich dieses kostbare Gut und verarbeite es zu den besten Essenzen und Verreibungen für die Hausapotheke. Mit den selbst angesetzten Mazeraten und Hydrolaten stelle ich Salben, Seifen und wertvolle Naturkosmetik her, die ich in dieser Qualität nirgends zu kaufen bekomme. Die Rosen konserviere ich für die Zeit, in der sie nicht blühen, ich veredle sie zu allerlei Delikatessen. Und ich liebe es, mit unseren heimischen Kräutern und Harzen zu räuchern und mich zu stärken – ein besonderer, sinnlicher Zugang zur Natur.

Es ist mir eine Herzensfreude, meine Begeisterung für die Rose in diesem Buch mit euch teilen zu dürfen. Dazu möchte ich euch zu Beginn dieses Buches mitnehmen auf einen kurzen Streifzug durch die Geschichte der Rose und ihre herausragende Bedeutung in Symbolik, Signaturenlehre und Mythologie. In einem zweiten Teil gebe ich eine Einblick in die Vielfalt der Rosenarten, bevor ich euch im großen Praxisteil in die Verarbeitung von Rosen einführe.

Hier findet ihr meine Lieblingsrezepte, Anleitungen und viele Tipps, eingeteilt in die Bereiche, für die ich sie verwende: Gesundheit, Schönheit und Wohlbefinden sowie Genuss. Die Rezepte habe ich selbst zusammengestellt oder verfeinert. Sie sollen als Impulse verstanden werden und euch »zum Gluschtn bringen« (tirolerisch für »so richtig auf den Geschmack bringen«). Wer weiß, vielleicht begegnen wir uns einmal in meinem oder eurem Rosengarten unterm Rosenhimmel.

Eure Rosenfreundin Jutta

KULTUR UND NATUR

Wenn Zeus den Blumen eine Königin geben wollte,
müsste die Rose diese Krone tragen.
Sappho

WIE DIE ROSE IN UNSERE GÄRTEN KAM: KLEINER STREIFZUG DURCH DIE ROSENGESCHICHTE

Die Rose begleitet uns Menschen schon von Anfang an. Märchen, Mythen, Sagen und Brauchtum sind umrankt mit Rosen. Dichterinnen, Maler und Alchemisten kamen nicht an ihr vorbei. In fast allen Kulturen steht sie als Symbol für die Liebe und die Schönheit und zugleich für die Vergänglichkeit und den Tod.

Erste fossile Funde von Wildrosenblättern deuten darauf hin, dass es bereits vor 25 bis 30 Millionen Jahren Rosen gab. Die ältesten bildlichen Darstellungen von Rosen finden sich auf einer etwa 4000 Jahre alten sumerischen Tontafel und auf dem berühmten »Fresko mit dem blauen Vogel« im Knossospalast auf Kreta, das auf etwa 1600 v. Chr. datiert wird.

In der Antike war sie hochverehrt. Im alten Griechenland war die Rose der Göttin Aphrodite geweiht. Homer berichtete von Rosen und die griechische Dichterin Sappho bezeichnete die Rose als die »Königin der Blumen« – ein Titel, der sie bis zum heutigen Tag schmückt.

Der bekannte König Midas (ca. 750–650 v.Chr.) beeindruckte den griechischen Geschichtsschreiber Herodot von Halikarnass mit seinem Rosengarten und Theophrast (341–271 v.Chr.), ein Schüler von Plato und Aristoteles, schrieb ein erstes »Rosenhandbuch«. Dabei unterschied er zwei Rosenarten: die einfach blühenden Wildrosen und Rosen mit gefüllten Blüten. Die Römer übernahmen von den Griechen die Freude an der Rosenzucht. Die Rose war der Göttin Venus geweiht und galt als eines der höchsten Luxusgüter. Rosen wurden zum Statussymbol und die römischen Kaiser und die reichen Bürger umgaben sich mit duftenden Rosen in unvorstellbaren Mengen.

Die Heckenrose, die Essigrose und die weiße Rose wurden zur Parfumherstellung, für die Kosmetik und als Heilpflanze kultiviert. Dazu entwickelten die Römer eine Art Zentralheizung, um die Blühdauer der Rosen zu verlängern. Plinius der Ältere (23–79 n.Chr.) veröffentlichte einen ersten »Rosenkatalog« mit einer Liste von dreizehn Rosen und berichtete erstmals von Rosen mit 100 Blütenblättern.

Im alten Ägypten war die Rose der Liebesgöttin Isis geweiht. Der ägyptischen Königin Kleopatra (69–30 v.Chr.) wird eine Schwäche für Rosen nachgesagt. Sie empfing ihren Geliebten Marcus Antonius in der ersten Nacht »auf Rosen gebettet« und es heißt, dass sie sogar die Segel ihres Bootes mit Rosenwasser tränken ließ.

Die schönsten und zugleich widerstandsfähigsten Rosen kamen über Griechenland und Rom nach Europa. Der verschwenderische Umgang der Römer mit der Rose blieb noch lange in Erinnerung und so galt die Rose bei den Christen als Symbol für ein lasterhaftes Leben und den sittlichen Verfall. Erst Karl der Große verhalf ihr im Jahr 794 zu einem besseren Ruf. Er ordnet in seinem *Capitulare de villis vel curtis imperialibus* an, in den Klostergärten Obst-, Gemüse-, Heil- und Zierpflanzen anzubauen. Die *Rosa gallica Officinalis,* die Apothekerrose, und die *Rosa canina,* die Hundsrose, zählte er zu den Heilpflanzen, denn sie heilten Entzündungen, linderten Schmerzen, stärkten das Herz und förderten die Verdauung.

Der heilige Dominikus (1170–1221) bezeichnete die wiederholte Aneinanderreihung von jeweils einem Vaterunser und zehn Ave Maria als *rosarium,* Rosenkranz. Papst Hadrian VI. (1522–1523) ließ als Symbol für die Verschwiegenheit Beichtstühle mit Rosenschnitzereien verzieren. Damit hielt die Rose Einzug in das Christentum und wurde zum Symbol des Glaubens und des Leidens Jesu Christi. Speziell die weiße Rose stand für die Reinheit der Jungfrau und Gottesmutter Maria.

Der Abt des Klosters Reichenau Walafried Strabo (808–849) beschrieb in Gedichtform 23 Heilpflanzen, darunter die Rose und ihre Anwendung in der Heilkunde. 1510 erschien in Wien das erste gedruckte Gartenbuch Europas, es gilt als eines der wichtigsten botanischen Werke des Mittelalters.

Hildegard von Bingen (1089–1179), die berühmte Äbtissin des Klosters Ruprechtsberg, widmete der Rose in ihrer »Physica« ein ganzes Kapitel und verriet, wie die Rose als Heilmittel verwendet wird:

> Die Rose ist kalt, und diese Kälte hat eine nützliche Mischung in sich. Am frühen Morgen oder wenn der Tag schon angebrochen ist, nimm ein Rosenblatt, lege es auf

deine Augen. Es zieht den Saft, das ist das Triefen, heraus und macht sie klar. Aber auch wer etwas Geschwüre an seinem Körper hat, lege Rosenblätter darauf und es zieht ihnen den Schleim heraus.

Über die Klostergärten kam die Rose in die Gärten der Kaiserhöfe und später in die Bauerngärten. Um 1570 brachten die Kreuzritter die Damaszenerrose aus dem Orient nach Westeuropa, und im Jahr 1580 wurde erstmals eine gelb blühende Rosa, die *Rosa foetida* – die stinkende Rose – aus Kleinasien eingeführt. In dieser Zeit tauchten Rosen auch im Wappen vieler Adelsfamilien auf. Englische und holländische Seefahrer brachten eine Vielfalt von Rosen aus dem Fernen Osten nach Europa: 1752 die erste öfter blühende Chinarose, um 1810 die erste Portlandrose und 1820 die erste Bourbonrose. Diese inspirierten die Rosenzüchter. Heimische Wildrosen wurden mit chinesischen und persischen Rosen gekreuzt.

Die elegante »Rosenkaiserin« Joséphine de Beauharnais Bonaparte (1763–1814), die Gattin von Napoleon I., legte in der Nähe von Paris einen Rosengarten mit über 250 Rosensorten an. Sie pflegte einen Austausch mit Rosengärten in England, Belgien und Deutschland, ließ sich von Botanikern beraten und beeinflusste die Rosenzucht der Neuzeit. Der Rosenmaler Pierre-Joseph Redoute, bekannt als der »Raffael der Rose«, machte mit seinen kolorierten Zeichnungen die Rosen der Kaiserin Joséphine bis heute unsterblich.

Anfang des 19. Jahrhunderts brachten Rosenzüchter zahlreiche neue Rosen hervor. Die Rose hat von ihrem Glanz bis heute nichts verloren. Es gibt mittlerweile eine unüberschaubare Vielfalt von über 200 Rosenarten mit circa 30 000 Sorten.

ZEICHEN, MYTHEN, SYMBOLE UND BRÄUCHE

DIE ZEICHENSPRACHE DER ROSE

Die Signaturenlehre (von lateinisch *signare* = bezeichnen, kennzeichnen) ist die Lehre der Zeichensprache der Natur. Seit alters verstehen es Kräuterkundige, im Buch der Natur zu lesen und die Zeichen der Pflanzen zu deuten: die Gestalt, die Farbe, der Duft … sie laden uns ein, genauer hinzuschauen, bei der Pflanze zu verweilen, uns mit ihr zu verbinden und den Pflanzengeist zu erspüren. Diese sinnliche und zugleich achtsame Annäherung an das Pflanzenwesen eröffnet uns einen neuen Zugang zur Pflanzenwelt.

Die Signatur der Rose mit ihrer wunderschönen **Blüte** und den wehrhaften **Stacheln** steht für Gegensätze, für Lust und Schmerz. Sie steht im Spannungsfeld zwischen der Zartheit und der Wehrhaftigkeit, zwischen Freud und Leid, zwischen der Erde und dem Himmel.

Die Stacheln lassen sich **leicht** vom Zweig **abbrechen,** ein Zeichen für das Loslassen. Nicht umsonst gilt die Rose als die Pflanze für Übergänge. Die Rose erleichtert die Geburt und hilft uns, das Leben wieder loszulassen. Was gibt es Schöneres, als das

neue Leben mit dem Duft der Rose zu begrüßen? Sie richtet uns auf, schenkt Mut und Zuversicht, ein ganzes Menschenleben lang.
Jedes einzelne Blütenblättchen der Heckenrose hat die **Form eines Herzens**. Jedes Herz verbirgt eine Liebesbotschaft. Wen wundert es, dass die Rose seit jeher als DAS Symbol der Liebe angesehen wird. In der Zeit der Romantik wurde die Rose mit der Liebe gleichgesetzt, Lieder und Gedichte aus dieser Zeit zeugen davon.
Die **zahlreichen Blüten** stehen für die Fruchtbarkeit.
Das **Aufblühen** der Rose wird als Sichöffnen, Sichhingeben, Liebesfähigkeit und Erotik gedeutet, so wie die Rosenblüte und der Stachel für Vulva und Penis stehen.
»Keine Rosen ohne Dornen«, lehrt uns ein Sprichwort. Wer leidenschaftlich liebt, weiß, dass die Liebe oft mit Leid verbunden ist.
Ursprünglich – so heißt es – waren die Rosen rosa. **Rosa** als Farbe der Wildrose, der Urform und Mutter aller Rosen, symbolisiert die Zärtlichkeit, die Sanftheit und die Unbekümmertheit der Jugend.
Die **weiße** Rose der heidnischen Göttinnen steht für das Licht, die Hoffnung, die Vollkommenheit, die Reinheit und Jungfräulichkeit. Sie fand in der Jungfrau und Gottesmutter Maria die ideale christliche Besetzung.
Die **rote** Rose symbolisiert die reife Frau, die Sinnlichkeit, die irdische und käufliche Liebe, das Blut, den Schmerz, die Trauer.
Der **Duft** der Rose weckt die Sinnlichkeit. Er wirkt aphrodisierend, indem er eine entspannte Atmosphäre schafft, die Fantasie beflügelt und Erinnerungen wieder ins Bewusstsein hebt. Rosenduft öffnet und berührt das Herz, umhüllt und schenkt Geborgenheit, gleicht aus und steht für die Sehnsucht nach dem Ewigen, Göttlichen.
Die schützenden, **zusammenschließenden Kronblätter** symbolisieren die Verschwiegenheit und das Behalten von Geheimnissen.

Rosen sind Tiefwurzler. Das **kräftige Wurzelwerk** verankert sich tief in der Erde und findet auch in steinigem und sandigem Untergrund Halt. Zugleich wachsen Rosen der Sonne entgegen und bilden so das Bindeglied zwischen Himmel und Erde.
Die Wildrose bildet viele **Ausläufer,** diese braucht sie für ihre Standfestigkeit bei Wind und Wetter. Sie sorgen zudem für ihre ständige Verjüngung, für ihren Erhalt und für ihre Verbreitung. Im übertragenen Sinne erdet sie auch uns und gilt nicht umsonst als DAS Schönheitsgeheimnis.
Die welkende **Rosenblüte** erinnert uns an die Vergänglichkeit des Lebens. Die Rose erleichtert am letzten unserer Tage das Loslassen vom Leben und begleitet unsere Seele in eine neue Heimat. Als letzten Gruß geben wir einem geliebten Menschen am Grabe eine Rose mit. Sie steht für die Unsterblichkeit der Seele und die ewige Liebe, weit über den Tod hinaus. So versinnbildlicht die Rose den Kreislauf des Lebens von der Geburt über das Wachsen, Reifen, Früchtetragen bis hin zum Sichverwandeln, Welken und Sichverabschieden.

> Der Rat der Rose:
> Bleib aufrecht, rät die Rose,
> zeig Dornen, sei stolz,
> beuge dich nur der Liebe.
> *Kurt Marti*

VON EVA, APHRODITE, VENUS, FREYA UND MARIA

Unzählige Mythen und Legenden ranken sich um die Rose. Auch wenn sie sich zum Teil widersprechen, lassen sie uns teilhaben an der Verehrung und Wertschätzung dieser einzigartigen Blume.
Die Legenden beginnen bei Adam und Eva. Als sie aus dem Paradies vertrieben werden, nimmt Eva als einziges Andenken an den Garten Eden einen Rosenzweig mit. Luzifer, der ebenfalls auf die Erde verbannt wird, versucht, an der in den Himmel

wachsenden Rose wieder ins Paradies zu klettern. Gott aber biegt die Stacheln nach unten, sodass der gefallene Engel wieder auf die Erde rutscht.

Bei den Griechen hieß es, die Göttin Aphrodite würde mit weißen Rosen aus dem Meeresschaum geboren. Die weißen Rosen standen dabei für die Schönheit, die Reinheit und die Unschuld. Der Legende nach färbten sich die Rosen rot, als sie ihrem tödlich verwundeten Geliebten Adonis entgegeneilte. Sie trat dabei auf einen Rosendorn, worauf ihr Blut die weißen Rosen einfärbte. Die roten Rosen stehen seitdem für die Verführung und die Leidenschaft.

Wie das berühmte Gemälde von Alessandro Botticelli zeigt, gibt es Parallelen zwischen der Geburt der römischen Göttin Venus und jener der griechischen Göttin Aphrodite. Auch Venus steigt aus einer Meeresmuschel, während es Rosen regnet. Venus wäre nicht die Göttin der Liebe, wenn sie nicht auch die Erotik und die Leidenschaft vorlebte. Um ihr ausschweifendes Liebesleben zu verheimlichen, übergibt ihr Sohn Eros dem Gott der Verschwiegenheit eine Rose.

Was *sub rosa,* also unter der Rose gesagt wird, ist nicht für die Öffentlichkeit bestimmt, genauso wie »was wir kosen, bleibt unter Rosen«. Auch Geheimbünde wie die Rosenkreuzer und die Freimaurer stellten sich »unter die Rose« und trugen das Rosensymbol in ihrem Emblem.

Die Germanen und Kelten verbanden mit Rosen Schönheit und Liebe und zugleich Vergänglichkeit und Tod. Als magische Pflanze aus Freyas Zaubergarten beschützte sie die Frauen. Wilde Rosenhecken hielten Dämonen fern und wurden um das Haus, um heilige Opferstätten und auf Gräber gepflanzt. Für Heilzwecke durften Rosen bzw. Hagebutten nur an Freitagen, dem Tag der Göttin Freya, geschnitten bzw. geerntet werden. Es hieß, die Göttin Freya offenbarte sich selbst in der Heckenrose. Sie verkörperte die Vollkommenheit und zugleich das Sterben und das Weiterleben der Seele nach dem Tod.

In der Mythologie ist die Rose das Attribut von Göttinnen und

bei den Christen das Sinnbild der Muttergottes. Maria, die Mutter Jesu, wird als die »Rose ohne Dornen« und als *Rosa mystica*, als geheimnisvolle Rose bezeichnet. Als Sinnbild der Reinheit und Unschuld wird die Jungfrau Maria mit Rosen gekrönt und von Rosen umrankt. Sie wird als die »schönste Rose unter den Frauen« und als die »Rose des Paradieses« auserkoren. Unzählige Fresken, Malereien, Statuen, Andachts- und Andenkenbilder mit der Muttergottes als Rosenkönigin zeugen von der Verehrung Mariens und von der Volksfrömmigkeit, genauso wie die aufwendigen Klosterarbeiten in Glasflaschen und Glasstürzen, auf Kerzen sowie Wachsstöcken und Stickbilder mit Rosenmotiven einschließlich dem Rosenkranz selbst. Sie alle werden in Ehren gehalten und als Kostbarkeiten weitervererbt.
Die Rose als Symbol der Anbetung und der Liebe zur Muttergottes finden wir heute noch bei Prozessionen, wo frische Rosenblütenblätter gestreut werden.

VON NAMEN, GEGENSÄTZEN UND ZAUBERMITTELN

Namen

Die Bezeichnung Rose geht vermutlich über das griechische *rhodon* auf das indogermanische *vrod* oder *vrad* zurück, was so viel wie »zart« bedeutet.

Der botanische Name der Wildrose lautet *Rosa canina,* Hundsrose. Auch bei uns in Südtirol wird der Zusatz »Hund« als etwas Minderwertiges verstanden, wie die *Hundshitz* (Hundehitze), das *Hundswetter,* der *Hundsfroos* (Hundefraß) und das *Hundslebn* (Hundeleben). Die *Hundsrous* (Hunderose) gilt als etwas Hundsgemeines und nichts Besonderes im Gegensatz zur Damaszenerrose. Zudem wird ihr nachgesagt, sie sei ein »schnell wirkendes Mittel gegen Bisse tollwütiger Hunde«.

Interessanterweise gibt es viele Synonyme für die Wildrose, wie Heckenrose, Hagebutte, Hundsrose, Hundskopf, Hagedorn, *Hetschepetsch, Pfrouslstaud,* Frauenrose, Dornige Rose oder Rosendorn, Ackerrose oder Zaunrose und Wiegenstrauch.

Der Name Hagebutte setzt sich zusammen aus Hag und Butte. Eine vor Wildtieren und Dämonen schützende Umfriedung einer Siedlung mit Wildrosen, Schlehen und Weißdornhecken wird als Hag bezeichnet. Butte steht für ein rundliches Gefäß, die Hagebutte ist im übertragenen Sinne also ein Gefäß, das die kleinen Samen, die botanisch Nüsse heißen, sammelt. Der Wortteil Butte könnte sich auch vom Butzen herleiten, dem Kerngehäuse der Äpfel.

Botanisch gesehen ist die Hagebutte eine **Scheinfrucht.** Die harten Kerne im Inneren der Hagebutte, auch Nüsschen genannt, sind die eigentlichen Früchte, sie werden umgangssprachlich fälschlicherweise als Samen bezeichnet.

Gegensätze

> Rose, oh reiner Widerspruch, Lust,
> Niemandes Schlaf zu sein unter so viel Lidern.
> *Rainer Maria Rilke*

Keine andere Blume polarisiert wie die Rose. Die einzelnen Blütenblätter sind samtig-weich und mit einer schützenden Wachsschicht überzogen. Die Stacheln sind hingegen kräftig, wehrhaft und können verletzen.

So polarisiert die Rose und verbindet zugleich scheinbare Gegensätze. Sie öffnet unser Herz für die Liebe und das Schöne im Leben und schützt gleichzeitig unsere Seele und lehrt uns, Nein zu sagen. Die Rosenblüte steht für das Weibliche, für die Venus in ihrer prallen Sinnlichkeit. Sie strahlt Sanftheit, Liebe und Erotik aus. Darüber hinaus erinnert sie uns an unsere innere Schönheit, richtet uns auf, macht uns mutig und stark. Die Stacheln symbolisieren das Männliche, das Kriegerische, den Mars. Sie erinnern uns an unsere Wehrhaftigkeit und unsere Durchsetzungskraft. Sie schützen unser Innerstes und zeigen unsere Grenzen auf, die es zu respektieren gilt und auf denen wir notfalls bestehen müssen, um uns selbst treu zu bleiben.

Die Rose ist ein Sinnbild für die Widersprüchlichkeit in unserem Leben, für Freude, Lust und Fülle und zugleich für Sehnsucht, Melancholie und Vergänglichkeit. Damit ist sie Spiegel unseres Lebens und Vorbild, wie wir immer wieder zur Zuversicht und zur Balance finden und die männlichen und weiblichen Aspekte in uns stärken und ausgleichen können.

Vielleicht ist es diese harmonische Mitte, die sie ausstrahlt und die sie zu der Quintessenz macht, die alle Heilmittel und alle Schönheitsmittel potenziert. Sich wehren, um nicht verletzt zu werden, Spannungen aushalten, ohne sich schwach zu fühlen, ausgleichen, ohne zu vermischen, Heilmittel und Trost in einem sein, sich immer wieder aufrichten, dem Himmel entgegenwach-

sen und zugleich tief in der Erde verwurzelt bleiben, das alles kann nur eine wahre Königin.
Die Rose ist eine Metapher für das Leben mit all seinen Höhen und Tiefen, ein Sinnbild für die Liebe, die Leidenschaft und die Sehnsucht. Heute noch genauso wie früher.

Zaubermittel

Die Rose steht für den Übergang und begleitet uns von der Wiege bis zum Grabe. Mit ihrem unnachahmlichen Duft empfängt sie das Neugeborene und stärkt die junge Mutter, sie schenkt Heranwachsenden Selbstwertgefühl, unterstreicht die Weiblichkeit und die Männlichkeit in der »Hochzeit« des Lebens, kräftigt und bringt in der zweiten Lebenshälfte die Hormone in eine gesunde Balance.
Die Rose gibt Hoffnung und begleitet uns bis auf den letzten Weg ins Licht. Wer sich auf sie einlässt, der spürt ihre Ausstrahlung und auf den überträgt sie ihr Heil.
Als Heilmittel öffnet sie das Herz, macht uns liebevoll und dankbar. Sie versöhnt uns mit uns selbst und unseren Liebsten um uns herum. Sie tröstet in dunklen Stunden und erhellt tiefschwarze Nächte.
Der Duft der Rose verbindet Himmel und Erde wie ein alchemistisches Zaubermittel und gibt uns für einen kurzen Augenblick einen Vorgeschmack auf das Paradies und auf die Unendlichkeit.
Wir werden der Rose nicht gerecht, wenn wir sie nur als Königin und als Blume der Weiblichkeit ansehen, sie kann noch so viel mehr. Sie ist wertvollster Seelenbalsam, der Frauen und Männern guttut: als Heilmittel, als Genussmittel, als Schönheitsgeheimnis oder als Stärkungsmittel aus dem Rosengarten, das uns an unsere eigene Schönheit und Kraft erinnert.

Volksmedizin und Kräuterbrauchtum

Kräuterkundige verstehen Pflanzen als beseelte Wesen. Besonders Bäume und Sträucher gelten seit jeher als Sitz von Göttinnen, Geistern und Hagazussen. Zauberkräftige Pflanzen begleiten uns bei der Geburt, bei der Hochzeit und beim Tod. Sie begleiten besondere Übergänge, stärken und beschützen, sie bringen Glück und helfen in Liebesdingen.

Bräuche geben uns Orientierung, Halt und Kraft. Sie begleiten uns durch den Jahres- und Lebenskreis. Die Volksmedizin verbindet uns mit der magischen Welt des Kräuterbrauchtums, denn:

> »Wirksam ist der Zauber zusammen mit dem Heilmittel,
> wirksam ist das Heilmittel zusammen mit dem Zauber.«
> *aus dem Papyrus Ebers*

In unserer modernen, zivilisierten Welt sehnen wir uns mehr denn je nach der Natur und tief in unserem Inneren auch nach dem Paradies. Die Wildrose kann diese Sehnsucht stillen, denn sie verbindet uns mit dem Geist der Natur, sodass wir uns wieder als ein Teil des großen Gefüges der Natur wahrnehmen und dem Paradies ein Stück näherkommen.

Zauberäpfel: An *Pfrouslstauden* (Heckenrosen) beobachten wir mitunter walnuss- bis apfelförmige Gebilde, die schon immer die Neugierde und die Fantasie der Menschen angeregt haben. Als Kopf eines guten Geistes, als »Zauberkugeln« oder als »Schlafäpfel« wurden sie früher in den Apotheken verkauft.

Obwohl wir wissen, dass die kugeligen Auswüchse durch den Stich der Rosengallwespe entstanden sind, sind sie als magisches Zaubermittel heute noch bei Kräuterkundigen begehrt.

Der Legende nach legte Odin, der Göttervater der germanisch-nordischen Mythologie, einen »Rosenapfel« unter das Haupt von Brunhilde, damit sie einschlief. Seitdem wacht die Wildrose als Zauberpflanze über den Schlaf. Im Volksmund wird

sie liebevoll »Frau Rose« genannt. Der Schlaf gilt als der kleine Bruder des Todes. Das Märchen vom Dornröschen erinnert uns daran.
Die »Zauberäpfel« sollen, unter das Kopfkissen gelegt, für einen guten Schlaf sorgen. Sie beschützen Wiegenkinder vor bösen Geistern, Behexung und Krämpfen, beruhigen »Geisteskranke« und erleichtern Sterbenden den Übergang zum ewigen Leben.
Für die nordischen Völker gilt die Heckenrose seit jeher als Symbol für die Unsterblichkeit der Seele.

Hagebutten gegen Krankheiten: Genauso wie die »Zauberkugeln« wehren Rosen und Hagebutten Dämonen und Krankheiten ab.
Es heißt, drei Hagebutten, die zu Weihnachten oder Neujahr schweigend gegessen werden, seien ein vorbeugendes Mittel gegen allerlei Krankheiten. Wer trotzdem erkrankt, soll durch einen Rosenbogen mit vielen Hagebutten gehen, dann würden die Krankheiten an den Stacheln hängenbleiben.
So ähnlich funktioniert es auch beim Vieh. Hans Fink beschreibt den Brauch, in der Heiligen Nacht dem Stallvieh Hagebutten unters Futter zu mischen, um es vor dem Rauschbrand und anderem *Tisl* zu schützen (als *Tisl* werden in Südtirol Erkältungskrankheiten und andere Krankheiten mit grippeähnlichen Symptomen bezeichnet).
Die Rose gilt als Attribut der Göttin Freya, der großen Beschützerin der Frauen. Rosenblüten schützen Frauen vor Krankheit und Verhexung und stärken sie für die Geburt. Und für die Zeit danach gibt es im Volksglauben den Brauch, die Nachgeburt unter dem nächsten Rosenbusch zu vergraben, damit das Neugeborene, als Zeichen der Gesundheit, rote Wangen bekommt. In manchen Gegenden wird bei diesem Brauch nur mit dem Badewasser eines Neugeborenen der Rosenbusch gegossen.
Damit die Frau selbst gesund bleibt, vergräbt sie, solange sie fruchtbar ist, etwas vom Menstruationsblut unter einem Rosenstock. Wenn die Fruchtbarkeit dem Ende zugeht und die Frau in

die Wechseljahre kommt, nimmt sie etwas Blut vom Aderlass und vergräbt es am selben Ort.
Die Kinder schützt eine Halskette aus Hagebutten vor dem Bösen, und eine *Pfrouslkette* (Kette aus Hagebutten der Wildrose) neben der Haustür hält ungebetene Gäste fern. Drei Rosenstöcke im Garten bringen Glück ins Haus und bewahren vor Unheil, Blitz und Unwetter.

3 Pfrouslen gegnan Tisl und
3 Rousnbuschn im Gortn
für a longs Leben.

Rosenmond: Im Monat, in dem die Rosen blühen, beginnt mit der Sonnenwende (21. Juni) der Sommer, deshalb heißt der Juni auch »Rosenmonat« oder »Rosenmond«.
Neben Rosen werden in dieser Zeit Frauenkräuter wie Schafgarbe, Frauenmantel und Johanniskraut gesammelt. Diese entfalten in der Zeit des höchsten Sonnenstandes die meiste Kraft. Sie werden in der Zeit des Rosenmondes geerntet, zu Kränzen gewunden, in Öl ausgezogen, zu Salben verarbeitet und getrocknet, um sie in der dunklen Jahreszeit als Tee zu genießen oder zu verräuchern. Die lichtvolle Kraft des Rosenmondes holen wir so das Jahr über in unsere Herzen. Wir laden die Liebe und das Glück ein, halten Böses fern oder schicken damit Wünsche, Bitten und Gebete zum Himmel.

Laurins Rosengarten: Volkslieder besingen das »Alpenglühen« und Reisende fotografieren den Rosengarten, jenen Gebirgszug mitten in Südtirol, der in den Abendstunden rotgolden leuchtet. Die Sage vom Zwergenkönig Laurin erklärt dieses Phänomen auf ihre Weise. Sie berichtet, wie der nach einem Verrat erzürnte Laurin seinen prächtigen Rosengarten hoch oben in den Dolomiten zu Gestein verzaubert und mit einem Fluch belegt hat. Kein Auge sollte diesen Garten jemals wieder erblicken, weder bei Tag noch bei Nacht. Laurin hat aber dabei die Dämmerung vergessen. »Und so kommt es, dass der verzauberte Rosengarten manchmal in der Dämmerung seine Rosenpracht zeigt und dass der ganze Berg über und über im Rosenschimmer erstrahlt und so die Erinnerung an den unglücklichen König Laurin und seinen Rosengarten wachhält.«

ROSENARTEN: VON WILDEN SCHÖNHEITEN UND DUFTEXPLOSIONEN

Ich werde oft gefragt, was denn meine Lieblingsrose sei. Ich habe mehrere Lieblinge in meinem Garten, denn jede Rose hat ihren eigenen Charme und ihren besonderen Verwendungszweck. Und jede Rose hat ihren eigenen Duft. Ja, der Duft ist eines der Kriterien, nach denen ich Rosen auswähle, denn eine Rose ohne Duft ist für mich wie eine Mogelpackung.

In meinem Paradiesgartele gibt es auch Rosen, die nur leicht duften. Diese erfreuen mich dafür mit ihren Hagebutten oder sie bieten meinen wichtigsten Mitarbeiterinnen, den Nützlingen, Unterschlupf und Nahrung.

Ein weiteres Kriterium für die Auswahl sind die Robustheit und die Widerstandsfähigkeit. Der Großteil meines Gartens liegt auf einer Terrasse mit einem nur 20 Zentimeter tiefen Boden und ist voll der Sonne ausgesetzt. Nach einem längeren Regen bildet sich häufig Staunässe. Unter diesen Voraussetzungen finden Rosen als freiheitsliebende Tiefwurzler nicht die idealen Bedingungen.

Zudem möchte ich meine Rosen nicht nur für das Auge und die Vase, sondern auch für die Küche, für meine selbst hergestellte Naturkosmetik, als Heilmittel und zum Räuchern verwenden.

In der Literatur und in Rosenkatalogen gibt es unterschiedliche Einteilungen. Da die Züchter verschiedene Rosensorten miteinander kreuzen, ist der Übergang zwischen den einzelnen Rosengruppierungen oft fließend und eine einheitliche Klassifizierung nicht immer möglich.

Ich gebe euch einen kleinen Überblick über die Rosengruppen in meinem Garten und stelle euch dabei auch meine Lieblingsrosen vor. Natürlich liebe ich alle meine Rosen. Eine besondere Freude machen mir aber jene Rosen, die mich mit ihrem Duft verwöhnen oder die immer wieder blühen. Das dritte Kriterium meiner Rosenwahl ist deren ökologische Bedeutung.

WILDE SCHÖNHEITEN – WILDROSEN

Wildrosen gehören für mich in jeden naturnahen Garten. Sie sind die Vorfahren unserer heutigen Rosen und dieses Wilde und Ursprüngliche tut meinem Paradiesgartele und meiner Seele so gut.
Wildrosen kommen selbst mit einem kargen, trockenen Boden zurecht und sind widerstandsfähiger gegen Pilze und andere Krankheiten. Im Winter brauchen sie auch in rauen Gegenden keinen Winterschutz, sind frosthart und viel robuster und pflegeleichter als die »edlen« Rosen. Nicht umsonst dienen Wildrosen als Veredelungsgrundlage für Kulturrosen.
Naturbegeisterte, die wenig Zeit haben zum Gießen, Schneiden und Pflegen, können sich zurücklehnen und die wilden Schönheiten genießen.
Die Hundsrose, die *Rosa canina,* ist in Europa die am meisten verbreitete Wildrose.
Wildrosen blühen zwar nur einmal im Jahr, dafür umso üppiger. Im Herbst und im Winter zieren sie mit ihren zahlreichen Hagebutten meinen Garten und bieten den Vögeln reichlich Nahrung und anderen Tieren Lebensraum und Unterschlupf.
Im Unterschied zu Wildrosen sind viele gefüllte Kulturrosen steril und bilden deshalb keine Hagebutten. Wildrosen duften nur zart, sie sind wehrhaft, wuchsfreudig und brauchen Platz, dafür punkten sie mit vielen anderen Eigenschaften. Laut dem Naturschutzbund Deutschland (NABU) bieten sie 115 Insekten Nektar und Pollen, mit den Hagebutten 27 Vögeln und 27 Säugetieren Nahrung und sind Wirtspflanzen für Raupen, Blattläuse und Käfer.
Als Abgrenzung zur Straße hin dient uns die Wildrose – im Wechsel mit dem Schlehdorn, der Kornelkirsche, dem Sanddorn und der Berberitze – als Sichtschutzhecke. Im Winter erfreut sie die Vögel mit ihren Früchten und bietet ihnen sichere Nistplätze. Diese wilde Hecke erweist sich als anspruchslos, braucht weder gegossen, gedüngt noch im Winter geschützt zu werden.

Zudem erfreut sie uns, Wildbienen und Insekten im Frühjahr mit ihrer Blütenpracht, im Sommer mit zart duftenden Rosen und im Herbst mit ihrem köstlichen Wildobst.
Zweimal im Jahr, einmal im zeitigen Frühjahr und einmal im Sommer, schneiden wir sie mit der Heckenschere zurück, damit sie zur Straßenseite hin nicht zu breit wird. Allerdings bilden sich die Blüten und Früchte der Wildrose an den zweijährigen Trieben aus, und wer genug Platz hat, sollte auf den Rückschnitt verzichten.

Meine Lieblingsrosen:
Rosa rugosa

Wenn ich mir für meinen Garten nur eine einzige Rose aussuchen dürfte, würde ich eine Rosa rugosa wählen. Diese Rose war meine erste Rose. Sie erfüllt alle Wünsche, die ich an eine Rose stelle: zahlreiche Knospen, Blüten und Hagebutten, dazu duftend, öfter blühend und bienenfreundlich. Darüber hinaus zählt sie zu den gesündesten Rosen in meinem Garten und stellt wenig Ansprüche an den Boden. Sie wächst auch auf kargem, steinigem Untergrund und übersteht auch kalte Winter.
Die Rosa rugosa, auch als Kartoffel- oder Apfelrose bekannt, eignet sich als die perfekte Einsteigerrose und als Rose für Gartenfreundinnen und -freunde, die den Garten vor allem genießen möchten. Sie wurde 1756 aus Japan eingeführt. Kartoffelrose wird sie aufgrund ihrer runzligen Blätter, die an das Laub von Kartoffeln erinnern, bezeichnet. Sie ist nicht anfällig für Sternrußtau, duftet herrlich und bildet große Hagebutten mit viel Fruchtfleisch. Sie erinnert an heimische Wildrosen, hat gegenüber diesen jedoch zwei entscheidende Vorteile: Sie benötigt weniger Platz und blüht viel länger.

Die Rosa rugosa Hansa und die Rosa rugosa Rotes Meer mit ihren kräftigen, dunkelrosafarbenen Blüten und ihrem starken Duft verzaubern unseren Garten und mich schon ab Mitte Mai mit ihrer Pracht. Wenn ich sie nicht zurückschneide, bilden sich innerhalb einiger Wochen prall gefüllte dicke Hagebutten. Gerne bremse ich – der Blütenfülle willen – die Hagebuttenbildung etwas ein, indem ich die Blüten absammle oder beim Vorbeigehen die verblühten Rosenköpfe abzwicke. Andere Jahre lasse ich der Natur freien Lauf und erfreue mich an dem reichen Hagebuttensegen. Die Pfrouslen, wie wir sie im Dialekt nennen, sind ein eindeutiges Kennzeichen naturnaher Rosen.
Die Rugosarosen sind für mich die idealen Rosen für einen wilden Garten. Sie bieten einen wertvollen Lebensraum und Nahrung für zahlreiche Tiere. Sie sind ein Must-have für Genussmenschen im Hinblick auf Kulinarik, Duft, natürliche Schönheit und für alle diejenigen, denen die Entspannung wichtiger ist als schweißtreibende Arbeit und das andauernde Bemühen um den perfekten Vorzeigegarten.

Rugosarosen bilden gerne **Ausläufer.** Wenn man diese Triebe ausgräbt, in Anzuchterde steckt, sie dort gut feucht hält und umsorgt, hat man in kurzer Zeit neue Rugosarosen-Pflänzchen zur Verfügung.

DUFTEXPLOSIONEN – DAMASZENERROSEN

Was hat gekrönet der Rose Schönheitsruhm?
Ihr süßer Duft, ihr bestes Eigentum.
William Shakespeare

Wir sind von so vielen synthetischen Düften umgeben, dass wir den zarten Duft der Wildrosen oft nicht mehr wahrnehmen und genießen können. Dem Duft einer Damaszenerrose, die am frühen Morgen geerntet wird, können wir uns kaum entziehen. Da werden sogar die verwöhntesten Nasen schwach.

Die Damaszenerrose kommt – wie der Name verrät – aus Damaskus, der Hauptstadt Syriens. Sie war schon 1000 v. Chr. auf der Insel Samos bekannt und kam mit den Kreuzrittern nach Europa.

Die weißen bis magentafarbenen Blüten verströmen einen schweren, üppigen Rosenduft, der nicht nur mich an die Märchen aus Tausendundeiner Nacht erinnert.

Wir unterscheiden die einmal blühenden Damaszenerrosen, wie die in Bulgarien, in der Türkei und in Marokko kultivierte Bulgarische Ölrose mit dem Namen *Rosa Trigintipetala,* und die zweimal blühenden Herbstdamaszenerrosen, wie die Rose de Resht.

Die Damaszenerrose begeistert uns heute genauso wie die Menschen vergangener Zeiten, die ihr Lieder, Gedichte und Legenden widmeten oder sich von ihr zu kunstvollen Malereien inspirieren ließen. Ihr kommt der Rang einer Symbolpflanze in der Religion, in der Mystik, in der Alchemie und sogar in der Politik zu.

Ihre Schönheit ist das eine, ihr Geheimnis aber liegt im Duft, dem selten eine Frau widerstehen kann, ein Duft, der umhüllt, die Seele aufblühen lässt, heilt und pflegt.

Aus Damaszenerrosen wird das kostbare ätherische Rosenöl gewonnen, das die Parfumindustrie geprägt hat und das nach wie vor als Heilmittel sehr geschätzt wird.

Meine Lieblingsrosen: Trigintipetala, Rose de Resht und Rose Jacques Cartier

Die Rose, die Eva damals aus dem Paradies mitgenommen hat, sowie die Rosen der Römer und der Griechen waren genauso wie die Rosen aus Legenden und aus Tausendundeiner Nacht vermutlich Damaszenerrosen.

Ich stelle mir jedenfalls die Rosen, mit denen Kleopatra ihren Marcus Antonius schon im alten Ägypten verzauberte, als Damaszenerrosen vor. Aus ihnen stellte man wohl auch das Rosenwasser her, das im alten Rom in verschwenderischer Fülle eingesetzt wurde, und die Rosenkränze, mit denen Gäste als Zeichen der Wertschätzung geschmückt wurden. Von den Rosen antiker Göttinnen aus mythologischer Überlieferung über die Rosen auf Marienaltären bis hin zu den Rosengestecken unserer Urgroßmütter – es müssen wohl Damaszenerrosen gewesen sein.

Heute pflanzen Kräuterfrauen wieder Damaszenerrosen an, sind sie doch von ihrer intensiven Duftqualität her unerreichbar. Zudem schmücken sie den Garten und das Haus mit ihren romantischen wunderschönen Blüten. Zwar finden wir diese Eigenschaften auch bei anderen Rosensorten und bei vielen historischen Rosen, jedoch punktet die Damaszenerrose darüber hinaus mit ihrer Robustheit und ihrer Winterhärte.

Zum Herstellen des kostbaren Rosenhydrolates bevorzuge ich die Bulgarische Ölrose, die Trigintipetala. Sie ist auch als Rose von

Kanzalik bekannt und fasziniert mich mit ihren etwas zerzausten, seidigen, halbgefüllten Blüten. Sie ist die bekannteste Damaszenerrose und wird heute noch in Bulgarien und der Türkei zur Rosenölgewinnung angebaut.
Die Trigintipetala blüht nur einmal im Juni, dafür umso üppiger mit einem starken typischen Damaszenerrosen-Duft. Dieser entfaltet sich im Rosenhydrolat erst nach einigen Wochen. Auch wenn ich mit meiner 10-l-Destille kein ätherisches Rosenöl erhalte und mein Hydrolat nicht an den Duft eines bulgarischen Rosenhydrolates herankommt, ist es ein wertvolles einheimisches Rosenhydrolat, das ich mit keinem handelsüblichen Hydrolat eintauschen würde.
Das ganze Jahr über erinnert mich das Rosenhydrolat an den Sommer und die Rosenzeit. Ich schätze es pur oder verarbeitet für die Schönheitspflege genauso wie für die Hausapotheke.
Die Rose **Trigintipetala** *ist meine absolute Empfehlung für alle Freundinnen der Naturkosmetik. Neben der Rose Trigintipetala finden wir in gut sortierten Gärtnereien auch zweimal blühende Herbst-Damaszenerrosen, wie die Rose de Resht und die Rose Jacques Cartier. Beide blühen nach der Blüte im Juni noch einmal im September und beide verströmen den typischen starken, süßlichwürzigen Duft der Damaszenerrosen.*
An der **Rose de Resht** *liebe ich die kleinen purpurroten Blüten, die wie kleine Pompons schon von Weitem auf sich aufmerksam machen. Die Rose de Resht verwende ich am liebsten für die Kulinarik und für Getränke.*
Das Blattwerk der **Rose Jacques Cartier** *kommt mit unseren heißen und schwülen Sommertagen und dem wenigen Boden besser zurecht als die Rose de Resht. Sie scheint mir mit ihren dunkelgrünen Blättern die robustere zu sein.*
Die Rose Jacques Cartier blüht lange und erfreut mich mit ihren stark gefüllten rosa Blüten, die meist zu dritt am Ende der Zweige herausleuchten. Sie ist eine Augenweide in meinem Kräutergarten und ihre stark duftenden Blüten verwende ich noch im September gerne zum Destillieren.

ROSENROMANTIK PUR – ENGLISCHE ROSEN

> Züchtungsziel bei den Englischen Rosen
> war nicht so sehr die Leuchtkraft der Blütenfarbe oder
> gar die übermäßige Produktion von Blüten,
> sondern der feine Charme und Duft
> der einzelnen Blüten.
> *David Austin*

Ich bin mir sicher, wer historische Rosen liebt, liebt auch die Englischen Rosen. Sie sind keine eigene Rosengruppe, da wir darunter Beetrosen, öfter blühende Strauchrosen, Kletterrosen und Edelrosen finden. Es sind moderne Rosen, die seit 980 im Handel und eng mit dem englischen Rosenzüchter Charles Austin verknüpft sind. Er kreuzte die einmal blühenden duftenden historischen Gallica-, Moos- und Damaszenerrosen mit modernen blühfreudigen Beet- und Edelrosen.

Ich liebe Englische Duftrosen wegen ihrer leuchtenden Farben, die im dunkelgrünen, buschigen Laub so richtig schön zur Geltung kommen. Sie blühen von weiß über goldgelb (Golden Celebration), apricot (Lady of Shalott) in den schönsten Rosafarben bis hin zu dunklem Rot. Viele sind öfter blühend und erholen sich selbst in meinem Garten wieder nach der ersten Blüte. Auch wenn die Nachblüte deutlich schwächer ausfällt, ernte ich bis in den Herbst hinein wunderschöne, romantische Rosenblüten, die zu alledem noch so betörend duften.

Neben denen von David Austin gibt es diese nostalgischen Rosen auch von anderen Rosenzüchtern. So bezeichnet Kordes seine modernen Rosen als »Märchenrosen«, Tantau nennt sie »Nostalgische Rosen«, Poulsen verwendet den Namen »Renaissance-Rosen« und bei Meilland heißen sie »Romantica-Rosen«.

Der einzige Nachteil, den ich anführen möchte, ist ihr geringer ökologischer Wert. Aber in einem wilden Paradiesgarten mit

einer Vielfalt an Kräutern, Blumen und Wildpflanzen, der von Wildrosen und wilden Hecken umrandet ist, dürfen wir auch Romantikrosen einen Platz zugestehen.
Die üppig gefüllten, öfter blühenden Blüten eignen sich zur Veredelung und Herstellung meiner Rosendelikatessen. Die rotfarbene Darcey Bussel, die rotviolette Munstead Wood und die karmesinrote William Shakespeare verarbeite ich zu duftendem Rosensalz, zu Rosensirup und zu Rosenmarmelade. Mit der apricotfarbenen und zitronig duftenden Lady of Shalott dekoriere ich Torten und Süßspeisen, die cremeweiße Claire Austin ist für die Schönheitspflege und für Peelings vorgesehen, während ich die Blüten der rosafarbenen Spirit of Freedom in kleinen Gläsern oder in einer Schale schwimmend als Tischschmuck verwende.

KLETTERPARADIES – KLETTERROSEN

Kletterrosen bringen Dornröschen-Feeling in den Garten. Ich liebe einfache Rosenbögen, die die schlichte Bretterwand zieren und unser Grundstück vom Nachbarsgarten trennen. Sie wirken von Weitem wie blumenberankte große Fenster, die über den Zaun ragen.
Mit modernen Kletterrosen können auch kleinste Gärten oder solche mit besonderen Herausforderungen wie unser Terrassengarten in Räume unterteilt und Sitzecken gestaltet werden. Ich fühle mich unter dem pinken Rosenbogen mit der öfter blühenden stark gefüllten Rose Laguna wie unter einem Rosenhimmel. An diesem Platz schreibe ich mein Gartentagebuch oder genieße mit meiner Schwester das Gartenparadies.
Ramblerrosen sind – wie der Name schon verrät (*ramble* bedeutet auf Englisch »umherwandern«) – richtige Kletterkünstler, die bis zu zehn Meter hoch werden können. Diese stark wachsenden, einmal blühenden, kleinblütigen Rosen mit ihren weichen, biegsamen Trieben eignen sich weniger für meinen Garten. Da reichen unsere Rankbögen nicht mehr aus. Genauso wenig eignen sich die großblütigen, öfter blühenden Climber mit ihren dicken, starken Trieben.

PFLEGELEICHTE ROSEN – KLEINSTRAUCHROSEN

Kleinstrauchrosen sind auch bekannt als Bodendeckerrosen, weil sie gerne in Gruppen zum Bewachsen von Böschungen oder öffentlichen Rosenbeeten verwendet werden. Sie sind pflegeleicht, blühen den ganzen Sommer über bis weit in den Herbst hinein und sind blattgesund. Sie verschönern Dorfeinfahrten und Verkehrsinseln. Hier stört es weniger, dass sie selten duften, dafür erfreuen sie alle Vorbeifahrenden lange Zeit mit einem wahren Blütenmeer.

Neben der duftenden Damaszenerrose Quatre Saisons liebe ich die Kleinstrauchrose The Fairy. Mit ihren üppigen kleinen rosettenförmigen Röschen lenkt sie alle Blicke auf sich. Besonders im September, wenn andere Rosen ihre schönste Zeit hinter sich haben, tröstet sie mich mit der Blütenfülle und mit dem gesunden Blattwerk. Da sie bereits während der Blüte neue Triebe mit weiteren Knospen bildet, scheint es mir, als blühe sie unentwegt. Dies lockt viele schädlingsfressende Insekten wie Schwebfliegen und Marienkäfer an. Auch wenn The Fairy nicht duftet, schneide ich gerne längere Rosenzweige mit den zarten rosafarbenen Blüten ab und schmücke damit eine festliche Tafel oder winde sie zu Kränzen.

ROSEN MIT STI(E)L – BEET- UND EDELROSEN

Sie sind die klassischen Rosen, die wir von Rosensträußen her kennen, langstielig mit einzelnen Blüten in allen erdenklichen Farben und mit schlanken, spitz zulaufenden Knospen.

Mit der Züchtung der ersten Teehybriden im Jahr 1867 wurde das Zeitalter der Edelrosen eingeleitet. Ziel der züchterischen Bemühungen war es, eine perfekte Schnittrose zu kreieren. Es wurde lange Zeit viel Wert auf Größe, Farbe und Haltbarkeit gelegt und dabei der Duft vernachlässigt.

Die edlen, großen Blüten erweisen sich vor allem für Floristinnen als die idealen Schnittrosen. Edelrosen bleiben in der Vase oder in einem Gesteck lange frisch, der Strauch blüht nach dem ersten Schnitt meist noch ein zweites Mal. Die heutige Generation von Edelrosen überrascht uns wieder mit ihrem wunderbaren Duft und ihrer buschigeren Form.

Rezepte und Anwendungen

Oh suche, Du Seele,
im Wasser den Strahl,
im Baum den Halt,
in Rosen-Blüten die Freude,
in Kräutern das Licht –
Du findest in der Natur Dich selbst.
nach Rudolf Steiner

ZUTATEN AUS DEM EIGENEN GARTEN

Wie Aurelius Augustinus (354–430 n. Chr.) schon wusste, ernährt sich die Seele von dem, worüber sie sich freut. Ich ertappe mich, wie ich durch den Garten spaziere und mich frage, ist das Wirklichkeit oder erträume ich mir diese Fülle? Duftende Rosen und aromatische Kräuter öffnen mein Herz und berühren mich tief in meiner Seele. Ich konserviere diesen Sinnesrausch in Gedanken für die Tage, an denen keine Rosen blühen.

Eine kleine Gartenrunde zum Durchatmen, zum Kräutersammeln oder um zu *gartlen,* ist für mich die schönste Auszeit. Diesen Seelenbalsam genieße ich nicht nur zur Blütezeit, sondern das ganze Jahr über: Samen zu säen, Pflänzchen zu pikieren, Blumen zu vereinzeln, überwucherndes Gras und verblühte Rosen zurückzuschneiden oder einfach in der Erde zu graben, um ein Kräutlein umzusetzen. Im Garten fühle ich mich reich, das Arbeiten mit den eigenen Händen und die Schweißperlen, die ich mir mit dem blauen Schurz von der Stirn wische, geben mir die Genugtuung, etwas geschaffen zu haben.

Vieles, was ich für meine Rezepte benötige, finde ich in meinem »Paradiesgartele«. Selbstverständlich können die Zutaten auch über den regionalen Handel und Onlineshops bezogen werden. Denjenigen, die sich bereits an einem eigenen (Rosen-)Garten erfreuen oder Rosen neu pflanzen wollen, möchte ich hier noch einige Tipps und Rezepte aus meiner langjährigen Erfahrung als Kräuterpädagogin und Rosenliebhaberin an die Hand geben.

> Komm in meinen Garten.
> Ich möchte, dass meine Rosen
> dich kennenlernen.
> *Richard B. Sheridan*

ROSEN PFLANZEN

Wann? Jeden Frühling und jeden Sommer aufs Neue halten wir in den Gärtnereien Ausschau nach blühenden Rosenstöcken. Die ideale Pflanzzeit für Rosen wäre jedoch der **Herbst.** Dann, wenn die Temperaturen sinken und sich alle auf den Winterschlaf vorbereiten. Die Rosen ziehen die Säfte und Nährstoffe aus den Blättern und lagern sie in den Stamm und in die Wurzeln ein. Der Laubfall ist das äußere Zeichen für diesen Wandel und für den Ruhestand. Von jetzt an bis in den Winter hinein kann eine Rose neu eingepflanzt oder umgepflanzt werden.
Wenn der Boden nicht gefroren ist, könnten Rosen sogar zu Weihnachten und im Januar noch gepflanzt werden. Im Winter hält die Erde die Feuchtigkeit bis zum Frühjahr und die Rosen haben viel Zeit, um gut anzuwurzeln, bevor sie bei den langsam ansteigenden Temperaturen mit voller Kraft austreiben.

Wo? Wenn ich Rosen verpflanze, achte ich darauf, dass an der vorgesehenen Stelle nicht schon vorher eine Rose gestanden oder ein Rosengewächs gewachsen ist. Denn Rosen auf Rosen gedeihen nicht gut, sie können verkümmern oder sogar absterben.

Wie? Bei **wurzelnackten Rosen** kürze ich die Krone, falls sie schon austreibt, auf 10 Zentimeter zurück. Ich schneide die größeren Wurzeltriebe an und stelle sie mindestens 1 Tag lang in einen Wassertrog, damit sich die Wurzeln vollsaugen können.
Bei **Rosen im Topf** kürze ich die Krone ebenso auf 10 Zentimeter zurück, um sie bei Wind und Sonnenschein vor dem Austrocknen zu schützen. Die fein verzweigten Wurzeln werden nicht gekürzt, ich tauche den Wurzelballen so lange ins Wasserbad, bis keine Bläschen mehr aufsteigen.
Bei nicht wurzelechten, veredelten Rosen achte ich darauf, dass die Veredelungsstelle, die am Stamm an der Verdickung oberhalb der Wurzeln zu erkennen ist, eine Handbreit unter der Erde liegt. Dann gebe ich eine Handvoll Rosenerde dazu, fülle das Pflanz-

loch wieder auf, drücke die Erde fest, sodass sie die Wurzeln gut bedeckt, und forme einen kleinen Wall um das Pflanzloch.
Dieses schlämme ich mit Wasser immer wieder auf, bis dieses nicht mehr versickert.
Ich häufle die Rose eine Handbreit hoch an und entferne den Erdmantel erst, wenn sie austreibt.

ROSEN PFLEGEN

Die Betriebs- und Lebensweise auf unserem Hof orientiert sich zur Gänze am ökologischen Denken, vom Apfelanbau über die Wahl der Putzmittel bis hin zur Energiegewinnung.
Ich verrate euch, wie ich mit Rosenkrankheiten und Schädlingen umgehe und wie auch ihr – dem Zeitgeist entsprechend – eure Rosen naturnah und ohne Chemieeinsatz z.B. mit selbst hergestellter Jauche oder einem stärkenden Wildkräuter-Smoothie hegen und pflegen könnt.

Grundrezepte für Jauchen, Brühen und Co.

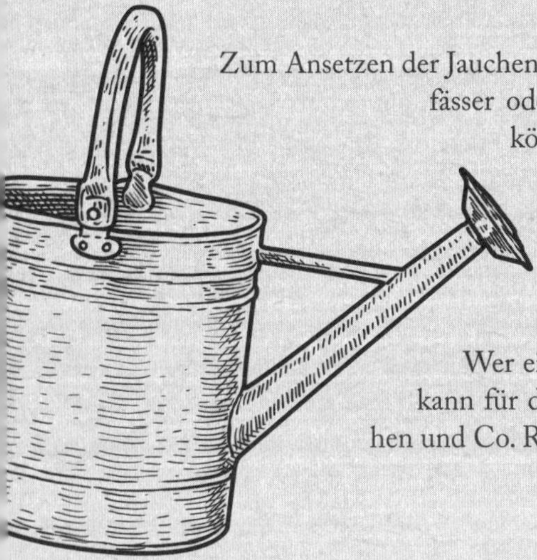

Zum Ansetzen der Jauchen und Brühen eignen sich Holzfässer oder Plastikkübel, Metallbehälter können den Gärungsprozess verzögern. Auch sollte der Kübel nur zu drei Vierteln gefüllt werden, da die Jauche arbeitet und der Schaum überlaufen könnte.
Wer ein sehr kalkhaltiges Wasser hat, kann für das Ansetzen der Jauchen, Brühen und Co. Regenwasser verwenden.

Jauchen: Für Jauchen werden in einem Holzfass oder in einem Kübel **5 Handvoll Kräuter** mit **10 l Wasser** an einem schattigen Platz angesetzt und täglich kurz umgerührt.
Es kommt zu einem Gärprozess, der nach 2 bis 3 Wochen abgeschlossen ist. Die Jauche ist fertig, wenn die Schaumbildung aufhört und sich keine Blasen mehr bilden.
Vor dem Ausbringen wird die Jauche mit Wasser verdünnt.
Zum Düngen und Stärken der Rosen kann die Jauche abgeseiht und im Verhältnis 1:10 mit Wasser verdünnt zum Gießen für den Wurzelbereich verwendet werden. Als Blattdüngung und gegen Blattläuse wird sie abgeseiht, im Verhältnis 1:50 mit Wasser verdünnt und auf die Blätter gesprüht.

Brühen: Brühen sind gute Blattdünger und wirken vorbeugend gegen Pilze und Blattläuse. Sie werden auf die Blattober- und die Blattunterseite gesprüht.
Für Brühen wird **1 Handvoll Kräuter** in **1 l Wasser** für 24 Stunden eingeweicht und dann für ½ Stunde gekocht.
Nach dem Abkühlen wird die Brühe abgeseiht und im Verhältnis 1:5 bis 1:20 mit Wasser verdünnt auf das Blatt gesprüht.

Kaltwasserauszug: Kaltwasserauszüge werden 24 Stunden lang zugedeckt angesetzt, zugedeckt stehen gelassen, dann abgefiltert und unverdünnt gesprüht. So bleiben auch die ätherischen Öle der Kräuter erhalten.

Smoothies: Für Smoothies werden **2 Handvoll Kräuter** mit **1 l Wasser** gut gemixt und wie Jauchen im Verhältnis 1:10 mit Wasser verdünnt und zur Düngung oder Stärkung um den Fuß der Rosen ausgebracht.

Wildkräuter-Smoothie zur Rosenstärkung

Ich zeige euch, wie ich meinen Wildkräuter-Lieblingssmoothie für die Rosen herstelle.

Zutaten

1 l Wasser
1 Handvoll frische Brennnesseln
1 Handvoll Beinwellblätter

Zubereitung

Brennnesseln mit einer Schere und Beinwellblätter mit einem Messer zerkleinern, mit Wasser in einen Standmixer füllen und gut durchmixen.

Anwendung

Den Wildkräuter-Smoothie im Verhältnis 1:10 mit Wasser verdünnen und mit der Gießkanne um den Rosenfuß gießen.

Wirkung

Zur Stärkung und Düngung der Rosen

ROSEN SCHNEIDEN

Jede Rosenliebhaberin und jeder Rosenexperte hat eine eigene Meinung zum richtigen Rosenschnitt.
Eines habe ich im Laufe meiner kurzen Karriere als Rosenliebhaberin allerdings gelernt: Rosen müssen geschnitten werden. Sie würden sonst mit den Jahren vergreisen und ihre Blütenfülle einbüßen. Durch einen beherzten Rosenschnitt bleiben sie jung und vital. Sogar Wildrosen wurden im Laufe ihrer Kulturgeschichte durch Wildtiere immer wieder verjüngt.
Diese Tradition führen wir mithilfe der Rosenschere weiter. Mit dem Schnitt sorgen wir dafür, dass die Rose »ausgelichtet« wird und das Sonnenlicht bis auf die unteren Triebe gelangt. So bilden sich aus dem unteren Stock immer wieder neue Triebe, die später Blüten tragen.
Grundsätzlich halte ich mich an folgende Schnittregel: Ein starker Rückschnitt sorgt für einen kräftigen Austrieb, ein leichter Rückschnitt sorgt für einen schwachen Austrieb.

Schritt für Schritt zum Rosenschnitt

Beim Schneiden achte ich generell darauf, dass der Schnitt leicht schräg etwas über der Triebknospe, dem sogenannten Auge, verläuft. So kann das Gieß- und Regenwasser gut abrinnen und bildet keinen Nährboden für Krankheitserreger.

Frühjahrsschnitt: Die Forsythienblüte erinnert mich daran, dass es Zeit ist für den ersten Rosenschnitt im Frühjahr.
Zuerst entferne ich alle abgestorbenen und braunen Triebe sowie alle Triebstummel, denn diese könnten Eintrittspforten für Pilze bilden.

Danach schneide ich alle schwachen und dünnen Ästchen ab. Wildtriebe, die bei veredelten Rosen unterhalb der Veredelungsstelle herauswachsen, reiße ich heraus, damit sie nicht wieder nachwachsen.
Bei **Edel-, Beet- und Zwergrosen** kürze ich drei bis vier grüne Triebe auf 20 bis 40 Zentimeter – je nach Wuchshöhe der Rose – ein. Alle alten Triebe werden ausgelichtet und so tief wie möglich zurückgeschnitten.
Rosenstämme lichte ich genauso aus und schneide sie – je nach Wuchshöhe der Rose – auch auf 20 bis 40 Zentimeter zurück.
Öfter blühende Strauchrosen und **Englische Rosen** schneide ich kuppelförmig in Form und achte darauf, sie nur bis zu einem Drittel zurückzuschneiden, da sie sonst zu stark austreiben und weniger Blüten bilden. Auch kürze ich jedes Jahr jeweils zwei dicke, alte Äste auf zwei Handbreit ein.
Damit die **Rugosarosen,** wie die Rose Hansa oder die Rose Rotes Meer, mit den Jahren nicht auseinanderfallen und im unteren Bereich verkahlen, lichte ich sie aus, indem ich jeweils die ältesten drei Triebe so tief wie möglich zurückschneide.
Zudem kürze ich die Rugosahecke jedes Jahr mit der Heckenschere um gut 30 cm ein, damit sie ihre Funktion als Sichtschutz beibehält.
Die **einmal blühenden Strauchrosen,** die **historischen Rosen,** wie die Rose Trigintipetala und die **Kletterrosen,** bilden die Blüten am alten Holz, deshalb schneide ich die stärksten Haupttriebe nicht zurück. Erst im Sommer nach der Blüte werden sie etwas in Form geschnitten. Im Frühjahr kürze ich sie nur ein, wenn sie vergreisen oder im unteren Bereich verkahlen.
Öfter blühende Kletterrosen schneide ich stufenförmig zurück, sodass sie auf verschiedenen Höhen Blüten hervorbringen. Nach dem Schnitt biege ich die elastischen Triebe der Kletterrose auf die Seite und binde sie an, damit jedes Auge entlang des Triebes nach oben austreibt und Blüten bildet.
Nach dem Frühjahrsschnitt entferne ich bei jeder Rose das verbliebene Laub, da es Krankheiten anzieht.

Sommerschnitt: Nach der Blüte erfolgt der sogenannte Sommerschnitt.

Bei den **öfter blühenden Rosen** regt das Zurückschneiden der Blüten den Nachtrieb an, sodass sie mich bald schon mit neuen Blüten erfreuen. Dabei schneide ich die verblühten Triebe bis auf das erste voll ausgebildete Blatt zurück. Allzu lange Triebe kürze ich ein, damit diese, wenn sie austreiben, nicht zu hoch blühen.

Auch die **einmal blühenden, gefüllten Rosen** werden nach der Blüte in Form geschnitten und verjüngt.

Wildrosen und **Rosen mit einfachen oder offenen Blüten** lasse ich stehen, damit sie uns und die Tierwelt noch mit ihren Hagebutten erfreuen.

Strauchrosen bilden im August und September einzelne überlange Triebe, die sogenannten **Johannistriebe.** Sie sorgen für die Verjüngung des Strauches.

Mein Garten-Tipp:

»A guats Werkzuig isch die holbe Orbat.«
Das richtige Werkzeug ist die halbe Miete.
Für den Rosenschnitt empfehle ich euch eine gute Rosenschere. Die ist zwar etwas teurer, dafür kann sie auseinandergenommen und geschliffen oder nachjustiert werden.
Auch sind Ersatzteile wie Federn und Klingen erhältlich.
Ich verwende eine sogenannte Bypass-Schere, die einen sauberen Schnitt ermöglicht und die Zweige nicht quetscht.

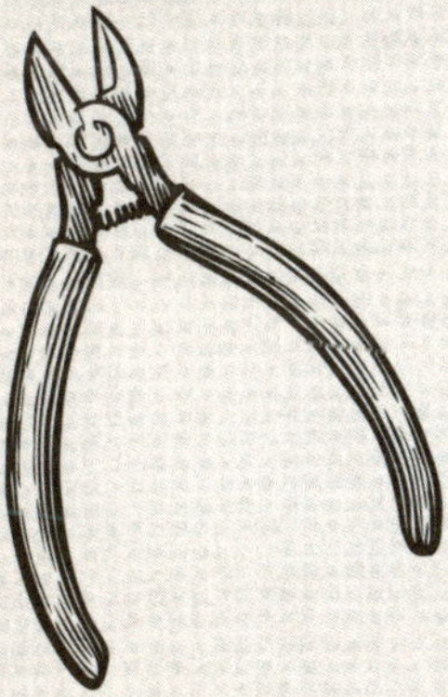

BASISWISSEN: DEN DUFT UND DIE KRAFT EINFANGEN

Die Ros ist schön, doch ihren Rang erhöh'n
Die süßen Düfte, welche in ihr leben.
William Shakespeare

Düfte bringen die Seele ins Schwingen, sie sind Balsam für die Sinne.
Dieses seit Generationen überlieferte Wissen ist wissenschaftlich bewiesen. Duftmoleküle gelangen direkt über unser Riechorgan in den ältesten Teil des Gehirns, in das limbische System im Stammhirn. Dort wirken sie unmittelbar auf unsere Psyche und das vegetative Nervensystem. Deshalb können wir uns mit Düften beruhigen und entspannen, klären und vitalisieren, reinigen und befreien, die Konzentration und die Kreativität stärken, Heilungsprozesse unterstützen und persönliche Entwicklungsphasen begleiten.
Seit uns Menschen Rosen begegnet sind, versuchen wir, den Duft der Rose einzufangen und diesen haltbar zu machen. Die alten Ägypter verwendeten neben Räucherdüften duftende Rosenwasser, Salben und Öle, um den Verstorbenen den Übergang ins Totenreich zu erleichtern. Der Rosenduft lässt sich im Wasser am einfachsten ausziehen und so wurden seit jeher Rosenblütenblätter in angewärmtes Wasser gelegt, bis dieses aromatisch duftete.

Der Geruchssinn ist der Sinn
der Erinnerung und des Verlangens.
Jean-Jacques Rousseau

Das ätherische Rosenöl soll der Legende nach durch einen Zufall entdeckt worden sein. Auf der Hochzeit des persischen Kaisers wurden die Wassergräben rund um den Palast mit Rosenblüten gefüllt. Durch die Sonneneinstrahlung erhitzte sich das mit Rosen getränkte Wasser, und ein dünner Ölfilm verströmte einen unbeschreiblichen Duft im ganzen Kaiserreich.

Aus der Geschichte kennen wir verschiedene Methoden zum Konservieren der Rosendüfte. Bereits in der Antike wurden Rosen in Öl und Fett ausgezogen und als duftende Öle und Salben verwendet, die *rosatum* oder *rosaceum* genannt wurden.

Aus archäologischen Funden geht hervor, dass die alten Perser bereits 3000 v. Chr. eine erste Form einer Destille besaßen und mit Schafwolle das duftende Rosenwasser auffingen.

Erst 4000 Jahre später wurde die inzwischen in Vergessenheit geratene Destille von den Arabern weiterentwickelt und mit der Nutzbarmachung des Alkohols diese Technik verfeinert.

Neben der Herstellung des kostbaren ätherischen Rosenöls und des Rosenhydrolates mittels einer Destille gibt es noch das Rosen-Absolue und das Rosenwachs, die mittels Hexanextraktion gewonnen werden. Aufgrund der unterschiedlichen Herstellungsweisen unterscheiden sich das ätherische Rosenöl und das Rosen-Absolue im Aussehen und im Duft. Das ätherische Rosenöl ist hellgelb und hat einen leichten Duft, während das Rosen-Absolue ins Orange bis Bräunliche gehen kann. Es ist dickflüssiger als das destillierte Öl und hat einen etwas volleren Duft. Das Rosen-Absolue wird hauptsächlich für die Parfumherstellung benötigt.

> Das Destillieren ist nichts anderes, als das Subtile
> vom Groben und das Grobe vom Subtilen zu scheiden,
> das Zerbrechliche oder Zerstörbare unzerstörbar,
> das Materielle unmateriell, das Leibliche geistig,
> das Unschöne schöner zu machen.
> *Hieronymus Brunschwig*

ROSENÖL

Der Begriff »ätherisch« geht auf das griechische Wort *aither* (Himmel, obere Luftschicht) zurück. Er deutet an, dass es sich im Gegensatz zu fetten Ölen um etwas nicht Greifbares, leicht Flüchtiges handelt.
Ätherische Öle werden aus den verschiedensten Pflanzenteilen gewonnen: aus Blüten, Blättern, Schalen, Wurzeln, Rinden, Hölzern und Harzen.
In der Naturkosmetik, in der Naturheilkunde, aber auch in der Kulinarik werden sie eingesetzt, als Duftstoffe, als Wirkstoffe für Haut und Seele und als Aromastoffe. Sie wirken auf die Psyche, unterstützen die Abwehrkräfte des Körpers und die Gesundheit der Zellmembranen und hemmen das Wachstum von Bakterien, Viren und Pilzen.
Die Gewinnung des ätherischen Rosenöls ist heute noch genauso aufwendig wie damals und deshalb zählt es zu den teuersten Ölen der Welt. Für die Herstellung von einem Liter wird die unvorstellbare Menge von 3000 bis 5000 Kilogramm Duftrosenblüten benötigt. Heruntergebrochen entspricht ein Tropfen ätherisches Rosenöl dem Duft von 30 bis 50 Duftrosenblüten.
Deshalb verwende ich auch nur einen zarten Hauch von einem Tropfen in meinen Zubereitungen, denn mehr würde uns »zerschlagen« – wie es Eliane Zimmermann und Sabrina Herber beim Onlinevortrag zum Thema »Im Dialog mit der Rose« so treffend formuliert haben.
Ätherische Öle werden für die Hautpflege nie unverdünnt angewendet, sondern stets mit einem Basisöl, z.B. Jojobaöl oder Mandelöl, gemischt oder einer Zubereitung zum Schluss beigefügt. Für die Herstellung selbst gemachter Naturkosmetik eignen sich die handelsüblichen Verdünnungen von 10 % in Jojobaöl oder für die Kulinarik die 5- bis 30-%-Verdünnungen mit Alkohol.
Die Duftnuancen variieren je nach Rosensorte. Feine Nasen vermögen zu unterscheiden, ob es sich um eine marokkanische, türkische oder bulgarische Damaszenerrose, um eine Zentifolienrose oder um eine Mairose handelt. Der Duft hängt aber nicht

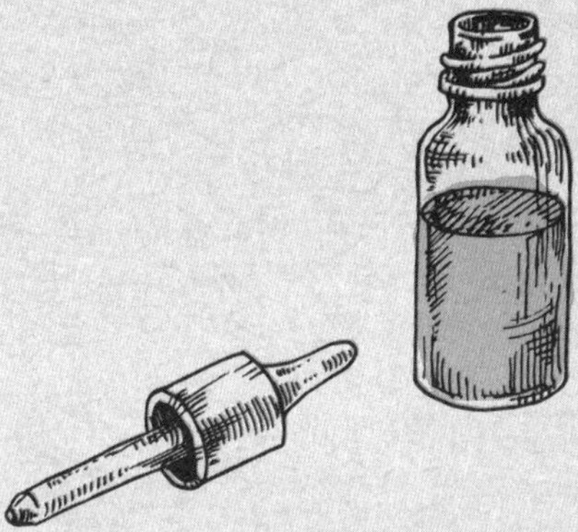

nur mit dem jeweiligen Standort und dem Klima, sondern auch mit der Herstellung und Art der Lagerung zusammen.

Die Damaszenerrosen, z.B. die Trigintipetala, eignen sich besonders gut zur Rosenölgewinnung. Maria Hoch begründet dies im *Aromareport 9* zum Schwerpunktthema Rose damit, dass die Damaszenerrose die Duftmoleküle länger in ihren Blütenblättern speichert als andere Sorten. Ich kann dies bestätigen, denn nach meiner Erfahrung mit der Herstellung des Rosenhydrolates übertrifft das Duftwasser der Trigintipetala an Intensität das aller anderen Rosen. Dabei entwickelt sich der Rosenduft im Hydrolat erst mit der Reifung nach ungefähr zwei Monaten.

Auch das ätherische Rosenöl reift mit den Jahren und wird dadurch noch kostbarer. Es harmoniert mit allen anderen ätherischen Ölen. Wie schon Hildegard von Bingen schrieb, potenziert die Rose jedes Heilmittel, und ich möchte diesen Gedanken weiterspinnen: Ein Tropfen Rosenöl vervielfacht die Wirkung aller ätherischen Ölmischungen und die aller naturkosmetischen Zubereitungen, genauso wie das Rosenhydrolat.

EXKURS: WIE ERKENNE ICH QUALITATIV HOCHWERTIGE ÄTHERISCHE ÖLE?

Wer ätherische Öle für die Naturkosmetik, für die Gesundheit oder die Kulinarik einsetzen möchte, sollte ausschließlich reine ätherische Öle von hoher Qualität verwenden.

Die Bezeichnung »Ätherisches Öl« ist nicht geschützt, deswegen gilt es, beim Kauf das Etikett genau durchzulesen.

Folgende Angaben sollten auf dem Etikett aufscheinen:

- der deutsche Name
- der botanische Pflanzenname; dieser schützt vor Verwechslungen
- der Pflanzenteil, aus dem das Öl gewonnen wurde, z. B. Rose – Blüte
- das Herkunftsland
- 100 % naturreines ätherisches Öl; wenn diese Angabe fehlt, kann es sich um verdünntes oder mit synthetischen Duftstoffen versetztes Öl handeln
- die Gewinnungsart (z. B. Destillation, Kaltpressung)
- der Anbau; ätherische Öle von guter Qualität stammen aus einer Wildsammlung oder aus kontrolliert biologischem Anbau = kbA
- ein anerkanntes Bio-Siegel als Garant für die Bio-Qualität, z. B. das EU-Bio-Siegel, das Ecocert-Siegel oder das Demeter-Siegel
- der Preis; qualitativ hochwertige ätherische Öle haben einen stolzen Preis, dieser relativiert sich jedoch, da nur wenige Tropfen benötigt werden
- die Chargennummer, Sicherheitshinweise, Gefahrenzeichen
- das Haltbarkeitsdatum

Zu beachten sind weiter:

- die richtige Lagerung: dunkel, trocken und kühl
- der Gebrauch: nach dem Öffnen gleich verschließen, denn ätherische Öle mögen keinen Sauerstoff
- die Aufbrauchfrist nach der Öffnung: monoterpenreiche ätherische Öle wie Teebaumöl, Zitrusdüfte und Nadelbaumöle sind geöffnet nicht lange haltbar, aldehydreiche ätherische Öle wie Melisse, Lemongras, Eukalyptus citriodora werden dickflüssig oder klebrig
- die Verwendung: ätherische Öle werden in der Regel nicht pur verwendet, sondern mit einem Basisöl oder Mazerat vermischt

Achtung! Ätherische Öle und Naturkosmetik-Produkte können allergische Reaktionen hervorrufen.
Deshalb empfehle ich den **Armbeugentest,** mit dem jede Substanz, die auf die Haut kommt, und auch das fertige Produkt als Substanzkombination getestet werden.
Zu beachten gilt, dass unser Körper unter Stress empfindlicher reagiert und einzelne Naturheilmittel genauso wie kombinierte Produkte, die jahrelang gut vertragen wurden, plötzlich Probleme verursachen können.
Bei diesem einfachen Armbeugentest wird eine kleine Menge des Produkts in die Armbeuge gegeben und mit einem Pflaster für 24 Stunden verschlossen. Wenn sich danach Rötungen, ein Jucken, Pusteln, Unebenheiten oder ein anderes Anzeichen von einer leichten Reizung zeigen, gilt es, darauf zu verzichten.

ROSENHYDROLAT

In meinem Kräuterstübele stelle ich das Rosenhydrolat mit einer Kupferdestille her und diese Veredelung des vollkommensten aller Düfte gestaltet sich für mich und für meine Gäste als ein berauschendes Fest, bei dem die Sinne tanzen und die Seele mit dem rosigen Duft umhüllt wird.

Mein selbst gemachtes Rosenhydrolat bezeichne ich als das wertvollste aller meiner Rosenprodukte, es ist »Luxus pur aus der Natur«. Ich würde es mit keinem dreifach destillierten und noch so duftintensiven Rosenwasser eintauschen, denn im Laufe der Herstellung schwingt noch mehr mit als der Duft der Rose. Es ist die achtsame Herstellungspraxis selbst, bei der ich mich mit dem Wesen der Rose verbinde und die ich wie ein Ritual feiere.

Die Rose gilt nicht umsonst als die Königin der Blumen und als eine heilige Blume. Der Begriff heilig ist mit dem Wort Heil verwandt. Heil leitet sich ab vom Altdeutschen und bedeutet »Gesundheit, Glück, Ganzheit«. Heilen ist demnach die Verbindung von Körper, Geist und Seele zu einer Ganzheit, und so erweist sich die Rosenenergie sowohl auf der körperlichen als auch auf der geistig-seelischen Ebene als wohltuend.

Sie eignet sich gleichermaßen für Gesunde und Kranke, für Kinder und ältere Menschen, für Heranwachsende und Erwachsene, sie begleitet ins Leben und erleichtert den Übergang in eine andere Form des Lebens.

Das Rosenhydrolat ist vielseitig verwendbar und ein unverzichtbarer Bestandteil meiner Hausapotheke.

Der Begriff Hydrolat leitet sich vom altgriechischen *hydor* (Wasser) und vom französischen *lait* (Milch) ab. Ein Hydrolat ist also ein »milchiges Wasser«, das bei der Destillation von Pflanzen entsteht. Es enthält wasser- und fettlösliche Pflanzeninhaltsstoffe, die flüchtiger sind als Wasser.

Hydrolate werden auch Aquarome, Hydrosole, Pflanzenwässer, Blütenwässer, Aromawässer oder aromatische Wässer genannt. Diese Bezeichnungen sind manchmal irreführend, da sich hinter diesen Namen auch ein parfümiertes Wasser oder ein mit Aromen oder mit ätherischen Ölen verschütteltes destilliertes Wasser verbergen kann. Deshalb ist beim Kauf eines Rosenhydrolates Vorsicht geboten, vor allem, wenn wir es als Heilmittel, für die Naturkosmetik oder für die Kulinarik einsetzen möchten. Es sollte auf alle Fälle ein Hydrolat sein, das mittels Destillation aus den Blüten biologisch angebauter Rosen hergestellt wurde. Dies garantiert, dass sich keine chemischen Rückstände im Produkt befinden.

Folgende Qualitätsmerkmale zeichnen ein hochwertiges, echtes Hydrolat aus und sind jeweils auf dem Etikett vermerkt:

- die Bezeichnung »Hydrolat«, »Pflanzenwasser« oder »Aquarom«; bei »Duftwasser« und »Aromawasser« handelt es sich meist um synthetisch hergestellte oder beduftete Wässer,
- die botanische Bezeichnung der verarbeiteten Pflanze,
- die verwendeten Pflanzenteile, z.B. ganze Blüte, Blütenblätter, Blatt, Rinde; je nach verarbeitetem Pflanzenteil besitzt das Hydrolat unterschiedliche Inhaltsstoffe und eine andere Wirkung,
- die Anbauart, z.B. Wildsammlung bei *Rosa rugosa* oder eine kontrolliert biologische Anbauweise (kbA) bei *Rosa damascena*,
- die Rosenart und das Herkunftsland; Bulgarien gilt als das größte Anbaugebiet von Damaszenerrosen, weitere gibt es im Iran, in der Türkei und in Nordafrika; Rosenhydrolate von der Damaszenerrose stammen meist aus Bulgarien, aus der *Rosa centifolia* aus Frankreich und aus der Türkei,
- Chargennummer und Haltbarkeitsdatum/Abfülldatum; damit lässt sich das Hydrolat bis zum Erzeuger rückverfolgen.

Da reines Rosenhydrolat relativ schnell verkeimt, sind viele Produkte mit Alkohol (bis zu 18 %) und/oder chemischen Konservierungsstoffen aus dem Lebensmittelbereich wie Sorbinsäure und Benzoesäure versetzt. Ich bevorzuge ein reines Rosenhydrolat ohne jegliche Zusatzstoffe. Nur so kann es seine Wirkung auf natürliche Weise entfalten.

Mein Tipp:
Ob ihr die konzentrierte Rosenessenz in Form des ätherischen Rosenöls oder das sanfte, aber nicht weniger kraftvolle Rosenhydrolat verwendet, achtet bitte darauf, dass es sich bei diesem natürlichen Luxusprodukt in jedem Fall um die beste Qualität handelt.
Ihr seid es euch wert.
Wendet euch bei Fragen an eine Aromapraktikerin oder an einen spezialisierten Anbieter eures Vertrauens.

HAGEBUTTENKERNÖL

Eine dritte Rosenkostbarkeit, die weder nach Rosen duftet noch länger haltbar ist, möchte ich nicht unerwähnt lassen: das flüssige Gold der Wildrose. Es ist für mich ein unverzichtbarer und kraftvoller Wirkstoff für meine Naturkosmetik und für die Hautpflege.
Das Hagebuttenkernöl, auch Wildrosenkernöl oder Rosa-Mosqueta-Öl genannt, wird aus den Kernen der chilenischen Heckenrosen gewonnen.
Die Farbe dieses hochwertigen fetten Wirkstofföls variiert von hell- bis goldgelb, wenn es aus den Samen stammt, bis leicht rötlich, wenn auch ganze Hagebutten mitverarbeitet werden.
Das Rosa-Mosqueta-Öl hat keinen typischen Rosenduft, sondern riecht eher leicht nussig bis fettig, oft etwas süßlich-sauer. Es beinhaltet unter anderem die wertvolle Alpha-Linolensäure. Ich verwende es immer dann, wenn die Haut besonderer Pflege bedarf.
Nach dem Öffnen ist es nur begrenzt haltbar und sollte baldigst verbraucht werden.

Lauscht der Natur, und ihr werdet erkennen,
was die Krankheit und was das Heilmittel sei!
Paracelsus

Rosenhydrolat

Zubereitungszeit: 90 Minuten, Schwierigkeit: mittel

Laut Volksmedizin wirkt Rosenhydrolat herzstärkend, es entspannt, reduziert Stress, gleicht den Hormonhaushalt aus und tröstet. Es hilft gegen Juckreiz, lindert Schmerzen, ist entzündungshemmend und wundheilend. Auch besitzt es kühlende, abschwellende, zusammenziehende, antibakterielle, antimykotische, antivirale Eigenschaften und regt den Lymphfluss an. Zur Herstellung des Rosenhydrolates benötigt ihr eine Kupferdestille.

Zutaten
frische Duftrosenblätter
Quellwasser
hochprozentiger Alkohol zum Desinfizieren

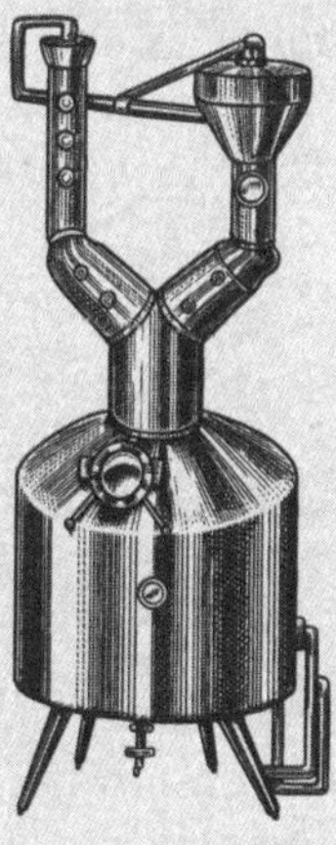

Zubereitung
Für die Herstellung meines Rosenhydrolates bevorzuge ich die Bulgarische Ölrose Trigintipetala. Zum Destillieren können auch trockene Blüten verwendet werden, das Hydrolat hat jedoch einen geringeren Duft und es fehlt ihm die Strahlkraft. Diese schwindet zudem

im Laufe des Tages. Deshalb sollten die frischen Rosenblütenblätter idealerweise frühmorgens – nicht nach 5 Uhr – gesammelt werden. Der Gehalt an ätherischem Öl wäre zu dieser Zeit am höchsten. Leider ist dies in der Praxis nicht immer möglich.
Ich verwende eine Kupferdestille. Sie hat gegenüber einer Glas- oder Edelstahldestille den Vorteil, dass das Hydrolat einen feineren Duft erhält und aufgrund der Kupferionen etwas länger haltbar ist.
Das Rosenhydrolat entsteht als Kondensat bei der Abkühlung des Destillationsdampfes. Im Unterschied zu anderen Hydrolaten wird das Rosenhydrolat mittels Wasserdestillation gewonnen. Ich knicke die Rosenblüten von Hand direkt unter den Blütenköpfchen ab und sammle sie in Körben. Gleich anschließend werden sie gewogen und dieses Gewicht notiert.
Die Destille besteht aus einem Wasserkessel, einem Aromakorb, einer Kühlung mit Kühlkuppel und einem Geistrohr, auch Seelenrohr genannt. Aus dieser Rinne tröpfelt das kondensierte Hydrolat heraus und wird in einer Glasflasche aufgefangen. Der Begriff Destillation leitet sich ab vom lateinischen *destillare* und beschreibt dieses »Herabtröpfeln«.
Der Aromakorb kann für die Rosendestillation beiseitegelegt werden, da wir die Blütenblätter direkt aus dem Wasser herausdestillieren. Die Blütenwachse würden nämlich das Durchdringen des Wasserdampfes erschweren und auf dem Aromakorb verkleben. Bei der Wasserdestillation bleiben die Blütenblätter im Wasser in Bewegung und verklumpen nicht.
Der Wasserkessel wird mit Quellwasser gefüllt. Dabei gilt die Regel 1:1, das heißt, es wird gleich viel Wasser abdestilliert, wie Pflanzenmaterial verwendet wird. Damit die Blütenblätter nicht anbrennen und den Kupferkessel beschädigen, bemesse ich das Wasser großzügig.
Den Wasserkessel verschließe ich und erhitze das Wasser mit den Blütenblättern. Je nach Größe der Destille braucht es einen Gasbrenner. Für eine kleinere Destille reicht ein elektrischer Herd.
Sobald das Wasser kocht, wird der Dampf mit kaltem Wasser abgekühlt. Die Kühlung besitzt zwei Öffnungen, an denen ein

Zufluss- und ein Abflussschlauch angeschlossen werden kann. Der Zulauf mit kaltem Wasser befindet sich auf der unteren Seite, oben rinnt das warme Wasser über den Abflussschlauch ab. Der duftende Wasserdampf steigt nach oben zur inneren, gekühlten Kuppel und kondensiert. Über das Seelenrohr tröpfelt der abgekühlte Dampf – das Rosendestillat – in die Auffangflasche.
Wenn ich in der Küche mit der kleinen Kupferdestille auf dem Elektroherd destilliere, verwende ich zum Kühlen gerne Eisblöcke, die ich herstelle, indem ich große Joghurtbecher mit Wasser fülle und diese dann ins Tiefkühlfach stelle.
Die große 10-l-Destille stelle ich im Freien auf einen großen Gasbrenner. Den Wasserkreislauf kühle ich mit Beregnerwasser, das ja nicht mit dem Hydrolat in Berührung kommt, sondern ausschließlich zum Kühlen verwendet wird. Da zum Kühlen viel Wasser benötigt wird, verwende ich eine kleine Teichpumpe, die das Wasser in einen Kreislauf bringt und mir hilft, Wasser zu sparen.
In jedem Fall ist sauberes Arbeiten wichtig. Die Arbeitsfläche und alle Behälter, Gefäße und Flaschen desinfiziere ich im Vorfeld mit hochprozentigem Alkohol oder sterilisiere sie im Dampfgarer oder im Backofen.
Das Rosenhydrolat soll danach 6 bis 8 Wochen kühl und dunkel reifen. Erst kurz vor der Anwendung fülle ich das Hydrolat in kleine Fläschchen, die ich mit einem Sprühaufsatz versehe und etikettiere.

Mein Tipp: Mehrfachdestillation

Wenn ich Rosenhydrolat selbst herstelle, enthält es nur Spuren vom ätherischen Öl. Der Duft reift mit der Zeit und wird immer rosiger. Um den Duft mit dem typisch rosenartigen Phenylethylalkohol anzureichern, werden Rosenhydrolate zweifach und auch mehrfach destilliert. Dabei wird das Hydrolat noch einmal mit frischen Blütenblättern angesetzt und abdestilliert. Wer viele Duftrosensträucher besitzt, sollte diese Methode unbedingt probieren, denn der Duft wird intensiver und das Rosenwasser noch kostbarer.

Haltbarkeit
6 Monate bis 1 Jahr

Ich achte darauf, die Glasflaschen bis an den oberen Rand zu füllen, damit das Hydrolat so wenig wie möglich mit Sauerstoff in Berührung kommt und damit gut gegen Bakterien geschützt ist, die die Haltbarkeit beeinträchtigen könnten.
So hält mein Rosenhydrolat ein gutes Jahr bis zur nächsten Rosenernte im Juni.
Zum Abfüllen der Destillate empfehle ich weiße Glasflaschen. Damit kann das Hydrolat besser kontrolliert werden. Bilden sich Ablagerungen oder Schlieren, deutet dies auf eine Verkeimung hin. Zum Schutz vor Sonnenlicht bewahre ich das kostbare Rosenhydrolat in einem Schrank auf.

Anwendung in der Volksmedizin
Äußerliche Anwendung:

- bei kleinen Schürfwunden, bei Hautverletzungen (z.B. beim Rosenschnitt …), bei gereizter, juckender Haut, bei Entzündungen, bei Akne und unreiner Haut, bei Insektenstichen
- als Augenkompresse bei müden, überanstrengten, trockenen Augen nach langem Arbeiten am Computer, nach einer zugigen Autofahrt oder auf Langstreckenflügen
- bei allen Wendepunkten im Leben, wo wir verstärkt Stimmungsschwankungen ausgesetzt sind, bei Stress, Angstzuständen und innerer Unruhe, bei Traurigkeit und Trauer, zur Geburtsbegleitung als stabilisierender Spray oder als kühlende Kompresse
- als Körperspray bei Dammverletzungen nach der Geburt und bei Hämorrhoiden, als schleimhautfreundliches Heilmittel bei Vaginalmykosen (Candida)
- zur Beruhigung und Schmerzlinderung bei Herpes und Gürtelrose, zum Kühlen bei Hitzezuständen und Fieber, als Rosenhydrolat-Eiswürfel bei Verbrennungen und Sonnenbrand

- in Kombination mit dem Rosenblütenmazerat für die Haut und die Seele nach Bestrahlungen
- zur Pflege der Babyhaut, bei wundem Babypo und als Badezusatz
- als Mundwasser bei Zahnfleischentzündungen oder zum Gurgeln bei Halsschmerzen

Innerliche Anwendung:

- Morgens nüchtern 1 EL echtes Rosenwasser in 1 Glas Wasser auflösen und schluckweise trinken zur Stärkung des Immunsystems, zum Entgiften und zur Darmpflege, zur sanften Unterstützung des Hormonhaushalts und zur Anregung des Lymphflusses.
- Rosenhydrolat verbreitet einen zarten, angenehmen Duft und umhüllt und stärkt kranke, schwache sowie ältere Menschen und hilft Sterbenden und Angehörigen, das Leben loszulassen.

Mein Tipp: Dokumentation

Haltet eure Ergebnisse auf einem einfachen Dokumentationsblatt fest:

- *Datum: Datum der Destillation*
- *Pflanze: Rosenname, deutsch/botanisch*
- *Erntezeit: Uhrzeit der Ernte, Wetter*
- *Pflanzenteile: Welche Pflanzenteile werden verwendet? Das ganze Blütenköpfchen oder nur die abgezupften Blätter? Frisch oder getrocknet?*
- *Menge: Menge des Pflanzenmaterials, Wassermenge, Menge des abdestillierten Hydrolates*
- *Reifezeit: Ab welcher Reifezeit wird das Hydrolat am besten?*
- *pH-Wert: einfach destilliert um die 4,1–4,4, ein hautfreundlicher pH-Wert*

So könnt ihr euer Rosenhydrolat von Mal zu Mal verbessern.

Rosenblütenmazerat

Zubereitungszeit 30 Minuten, Antrockenzeit 3 Tage, Auszugszeit 3 Tage, Schwierigkeit mittel

Auszugsöle lösen die fettlöslichen Wirkstoffe aus der Pflanze. Der Begriff »Mazerat« kommt vom lateinischen *macerare* (einweichen). Dabei werden frische oder getrocknete Rosenblütenblätter in Öl eingeweicht. Öle und Fette, die mit den Rosenwirkstoffen angereichert sind, tragen zusammen mit dem jeweiligen Trägeröl selbst zur Heilwirkung bei.
Rosenmazerate eignen sich für Ölkompressen, als Pflegeöl fürs Gesicht und für den Körper, als Massageöl, für Bäder und als Basis zur Weiterverarbeitung für Peelings, Schmerzroller, Salben, Balsame und Cremes.
Als Auszugsöle für Rosenblütenblätter eignen sich oxidativ stabile kalt gepresste Öle. Die Haltbarkeit hängt von der jeweiligen Trägersubstanz ab (Kokosöl, Jojobaöl: haltbar 2 Jahre; Olivenöl, Rapsöl, Sesamöl: haltbar 1 Jahr; Mandelöl, Sonnenblumenöl: haltbar 9 Monate).
Die Zugabe von Vitamin E (Tocopherol 1%) oder von ätherischen Ölen (1%), wie z.B. Rose, Rosengeranie oder Weihrauch, verlängert die Haltbarkeit etwas.

Zutaten
1 Handvoll frische duftende Rosenblütenblätter in Bio-Qualität
80 ml Sonnenblumenöl
20 ml Jojobaöl
10 Tropfen 10%iges ätherisches Rosa-damascena-Öl
etwas hochprozentiger Alkohol zum Desinfizieren

Zubereitung

1. Die Blütenblätter frühmorgens ernten, auf einem Tuch ausbreiten und dabei aussortieren.
2. 3 Tage lang an einem warmen Ort antrocknen lassen.
3. Die Arbeitsfläche und die Arbeitsmaterialien mit hochprozentigem Alkohol desinfizieren.
4. Die Blütenblätter mit einem Keramikmesser klein schneiden und mit etwas Öl anmörsern. Durch das achtsame Mörsern werden die Zellwände aufgebrochen und das Öl kann die fettlöslichen Wirkstoffe besser aufnehmen.
5. Den Pflanzenbrei in ein etwas größeres Glasgefäß füllen und mit dem Öl auffüllen. Mit einem Baumwolltuch abdecken und an einem warmen Ort im Haus ausziehen lassen. Ideal wäre eine Temperatur von 37 °C, unsere Körpertemperatur – z. B. im Wasserbad eines Slow Cookers mit der niedrigsten Temperaturstufe.
6. Das Mazerat jeden Tag morgens und abends 3 Minuten lang mit einem Holz- oder Glasstab in Bewegung bringen. So kann die ganze Kraft der Rose in das Öl übergehen.
7. Am 4. Tag in ein Sieb gießen und langsam abtropfen lassen (dabei den Rosenbrei nicht auspressen), dann das Öl noch einmal durch 3 übereinandergelegte Baumwollgazen filtern.
8. Das Rosenblütenmazerat mit 10 Tropfen 10%igem ätherischem Rosa-damascena-Öl in eine dunkle Flasche füllen, gut verschütteln und etikettieren.

Haltbarkeit

6–9 Monate

Anwendung in der Volksmedizin

Rosenblütenmazerat regeneriert und harmonisiert, wirkt ausgleichend, beruhigend, stimmungsaufhellend für das ganzes Menschenleben von der Geburtsvorbereitung über die Babypflege bis hin zur Sterbebegleitung.

Es schenkt Geborgenheit und vermittelt ein Gefühl vom »Angekommensein«.

Es stärkt Nerven und Herz, kräftigt bei seelischer Erschöpfung, Burnout, Unruhe, nervösem Herzklopfen und in der Rekonvaleszenz.

Kinder lieben eine Behandlung mit diesem Rosenöl bei unspezifischen Bauchschmerzen, Wachstumsschmerzen, Unruhe und Ängsten vor dem Einschlafen. Dazu einen Hauch Rosenhydrolat auf die Hand sprühen, einige Tropfen Rosenblütenmazerat hinzufügen, gut vermischen und zugleich mit den Händen etwas anwärmen und auf Fußsohlen oder Bäuchlein oder Rücken mit sanften, streichenden Bewegungen auftragen.

Mein Tipp:

Am besten verteilt sich das Mazerat nach dem Duschen auf der noch feuchten Haut oder in Kombination mit einem Hauch Rosenhydrolat. Diese Wasser-Öl-Emulsion kann leichter aufgenommen werden.

Wildrosenknospen-Präparat

Zubereitungszeit 10 Minuten, Schwierigkeit leicht

Sobald die ersten Wildrosenknospen anschwellen und beim Aufbrechen sind, spüre ich die Kraft dieser kleinen Knospen, die den gesamten Bauplan der Wildrose in sich tragen. In der Volksmedizin werden Knospen als Heilmittel genutzt. Schon Hildegard von Bingen nutzte die Knospen von Pappeln, Apfelbäumen, Johannisbeeren, Birken, Linden, Eschen und Edelkastanien.
Wir kennen z.B. die Pappelknospen, die als Tinktur verarbeitet oder als Salbe in keiner Hausapotheke fehlen. Der Begriff »Gemmotherapie« stammt vom lateinischen *gemma,* was so viel wie »Knospe«, aber auch »Juwel« oder »Edelstein« bedeutet. Dies lässt schon erahnen, dass es sich dabei um das Edelste und Wertvollste einer Pflanze handelt. Daraus werden Auszüge hergestellt, sogenannte Gemmomazerate, die bis in unsere Zellen wirken, diese regenerieren, harmonisieren und aktivieren.
1965 wurde die Gemmotherapie ins französische und 2011 ins europäische Arzneibuch aufgenommen, aus dem auch das Grundrezept meines Wildrosenknospen-Präparates stammt.
Dafür können die Seiten- und Endknospen der Heckenrose, aus denen sich die Blätter entwickeln, oder die Triebknospen verwendet werden. Die späteren Blütenknospen werden nicht verwendet.
Laut Cornelia Stern, der Leiterin der Freiburger Heilpflanzenschule, wird das Gemmopräparat der *Rosa canina* als DAS Virenmittel der Gemmotherapie bezeichnet: zur Stärkung des Immunsystems, bei immer wiederkehrenden Erkältungen, bei Grippe, bei Hals- und Rachenschmerzen, bei rheumatischen Beschwerden, bei viralen Hauterkrankungen wie Windpocken, Lippenherpes und Gürtelrose.

***Zutaten** (für 4 Sprühfläschchen à 50 ml)*
10 + 90 ml Glyzerin
10 + 90 ml Alkohol 70 %
1 g Wildrosenknospen

Zubereitung

1. In einem kleinen Becherglas 10 ml Glyzerin und 10 ml Alkohol mischen.
2. Die Knospen mit einem Keramikmesser zerkleinern und in ein kleines Glas füllen.
3. Mit der Glyzerin-Alkohol-Mischung ansetzen.
4. 3 Wochen in der Küche ohne direkte Sonneneinstrahlung stehen lassen. Dabei einmal täglich gut schütteln, damit sich die wertvollen Inhaltsstoffe aus den Knospen lösen.
5. 90 ml Glyzerin und 90 ml Alkohol mischen.
6. Das Knospenmazerat mithilfe eines Milchfilters abseihen und mit dem Glyzerin-Alkohol-Gemisch vermengen.
7. Das fertige Wildrosenknospen-Präparat in die Fläschchen füllen und diese gleich mit dem Sprühkopf verschließen.
8. Beschriften und mit dem Haltbarkeitsdatum versehen.

Haltbarkeit
Gut 2 Jahre

Anwendung in der Volksmedizin
Das Wildrosenknospen-Präparat wirkt immunstärkend, entzündungswidrig, antiallergisch und antiviral.

Zur Stärkung des Immunsystems: 3 Wochen lang täglich 3 Sprühstöße in den Mund sprühen und gut einspeicheln. Die Kur kann mit jeweils einer Pause von 1 Woche öfters wiederholt werden.

Bei akuten Beschwerden: Alle 10 Minuten 1 Sprühstoß in den Mund sprühen und gut einspeicheln, so oft wiederholen, bis sich eine leichte Besserung zeigt, dann die Abstände verlängern. Es hat sich bewährt, in dieser Zeit keine Früchte mit eiweißspaltenden Enzymen zu essen, wie Ananas, Kiwi, Mango und Papaya.

Dieses Gemmopräparat ist gut verträglich, und aufgrund des leicht süßlichen Geschmacks nehmen es auch Kinder, die ständig kränkeln, gerne ein.

Mein Tipp: Alkohol verdünnen für den Hausgebrauch

Für den Hausgebrauch lässt sich ein hochprozentiger Alkohol 96 % ganz einfach verdünnen, indem der Alkoholgehalt auf 100 % aufgerundet wird und die Lösungen mit den unterschiedlichen Dichten nicht gewogen, sondern gemessen werden.
Die zwei Beispiele veranschaulichen dies:

- *Um 100 ml Alkohol 60 % zu erhalten, messe ich im Messzylinder 60 ml Alkohol 96 % und 40 ml Wasser ab.*
- *Um 100 ml Alkohol 70 % zu erhalten, messe ich im Messzylinder 70 ml Alkohol 96 % und 30 ml Wasser ab.*

Mein Tipp: Wildrosenknospen ernten

Ich ernte die Wildrosenknospen bei schöner, trockener Witterung um die Mittagszeit, indem ich die reifen, gerade aufbrechenden Knospen mit den Fingern von den Zweigen abknipse und sie dann so bald als möglich weiterverarbeite. Dabei reichen kleinste Mengen aus, ein Sprichwort erinnert uns daran: »Äpfel sammeln wir in Großkisten, Kräuter im Korb und Knospen im Fingerhut!«

Rosen-Wald-Sauerhonig

Zubereitungszeit 15 Minuten, Schwierigkeit leicht

Sauerhonigzubereitungen sind eine wohlschmeckende Volksmedizin, die schon in der Antike erwähnt wurde. Die Basis dieser »Universal-Arznei« besteht aus der genialen Kombination zweier unterschiedlich wirkender natürlicher Heilmittel, aus griechisch *oxos* (Essig) und *meli* (Honig), und heißt deshalb Oxymel.
Diese Zubereitungsform war lange Zeit in Vergessenheit geraten. Die Begründerin der »Grünen Kosmetik« und der »New Herbal Medicine« Gabriela Nedoma hat mit ihrem Buch »Oxymel: Medizin aus Honig und Essig« (2015) wieder auf die Heilkraft dieser Naturmedizin aufmerksam gemacht.

Zutaten

50 g heimischer Bienenhonig
50 g naturtrüber Bio-Apfelessig
3 frische Pappelknospen
1 Prise Salz
1 Duftrose (Blütenblätter)
½ EL pulverisierte Waldnadeln (Fichten-, Tannen-, Lärchen-, Zirben- oder Latschenkiefernnadeln)
1 Schluck Sonnenblumenöl

Zubereitung

1. Honig im Apfelessig auflösen.
2. Pappelknospen von der Balsampappel oder der Schwarzpappel klein schneiden, mit einer Prise Salz in ein Glas füllen, den Honigessig dazugeben und gut verrühren.
3. Diese Mischung 1 Monat lang in der Küche ziehen lassen und das Glas täglich schwenken.
4. Dann durch ein Sieb abfiltern.
5. Die abgezupften Rosenblütenblätter mit einem Keramikmesser klein schneiden, mit dem Waldnadelpulver und einem Schluck Öl im Mörser verreiben, bis eine homogene Paste entsteht.
6. Diese Rosen-Wald-Paste in ein Glas füllen und mit dem abgefilterten Pappelknospen-Oxymel gut vermengen.

Haltbarkeit

1 Jahr

Anwendung in der Volksmedizin

Rosen-Wald-Sauerhonig stärkt das Immunsystem und die Atemwege. Er fördert den Auswurf, wirkt antioxidativ, entzündungshemmend, wundheilend und entgiftend. Er vitalisiert und regeneriert.

Zur Stärkung des Immunsystems: 1 EL Rosen-Wald-Oxymel 3 Wochen lang morgens nüchtern mit 1 Tasse warmem Tee oder 1 Glas Wasser einnehmen.

Bei einer beginnenden Erkältung: 1 EL Rosen-Wald-Oxymel pur gut einspeicheln und bei Bedarf die Anwendung wiederholen.

Rosenperlen zur Pflege der Schleimhäute

Zubereitungszeit 15 Minuten, Schwierigkeit mittel

Rosenperlen sind meine Variante einer duftenden Pflege für die empfindsamen Schleimhäute.
Die Heilpraktikerin Margret Madejsky begleitet mich auf meinem Kräuterweg schon seit mehr als 25 Jahren – das ist mehr als ein Vierteljahrhundert! Sie hat mit ihrem Mann Olaf Rippe und mit Max Amann die »Natura Naturans« – eine Arbeitsgemeinschaft für Traditionelle Abendländische Medizin – gegründet und sich auf Frauenkräuter und Frauengesundheit spezialisiert. Von ihr stammt das Rezept für die bewährten Rosenzäpfchen mit Rosenöl, Rosengeranienöl und Frauenmantel.
Die Rezeptur habe ich etwas abgeändert und mit dem kostbaren Wildrosenkernöl angereichert. Auch die Form unterscheidet sich von den Rosenzäpfchen, die ihr nach Margret Madejsky über Apotheken bestellen könnt. Meine Rosenperlen dienen in erster Linie zur Pflege und Regeneration der Schleimhaut und zur Vorbeugung der vaginalen Atrophie. Diese betrifft laut der Frauenärztin Sheila de Liz 70 bis 80 % (!) aller Frauen jenseits der Menopause.
Auch für einen gereizten Enddarm, z.B. nach einem Durchfall oder nach einer Antibiotikakur, sind die Rosenperlen eine Wohltat.

Zutaten

25 g Kakaobutter
3 ml Wildrosenkernöl (Rosa-Mosqueta-Öl)
9 Tropfen Rosengeranienöl
3 Tropfen Rosa-damascena-Öl
etwas hochprozentiger Alkohol zum Desinfizieren

Zubereitung

1. Die Arbeitsfläche und die Arbeitsmaterialien mit hochprozentigem Alkohol desinfizieren.
2. Kakaobutter in ein hitzebeständiges Becherglas geben und im Wasserbad bei 36 °C schmelzen. Salbenrühr-Anfängerinnen empfehle ich, die Temperatur mit einem Thermometer zu kontrollieren. Sobald die Kakaobutter geschmolzen ist, das Wildrosenkernöl und die ätherischen Öle mit einem Glasstab gut vermischen und in die vorbereitete Perlen-Gießform aus Silikon gießen.
3. Erkalten lassen, aus der Form drücken, die kleinen Perlen in Döschen füllen und etikettieren.
4. Im Kühlschrank aufbewahren.

Haltbarkeit

3 Monate

Anwendung in der Volksmedizin

Rosenperlen fördern die Hautregeneration, machen die Haut weich und geschmeidig und beruhigen irritierte und trockene Schleimhaut.

Bei Bedarf oder zur Vorbeugung abends vor dem Schlafengehen mit einer Rosenperle die Vaginalschleimhaut oder den Enddarm pflegen.

Rosenknospentee

Zubereitungszeit 10 Minuten, Schwierigkeit leicht

Die Rose gehört in jede meiner Teemischungen. Ihre Kraft potenziert die Zubereitungen und macht sie zum Heilmittel für unsere Seele.
Für diesen besonderen Tee verwende ich die Rosenknospen. Meine Lieblingsrose dafür ist die Bulgarische Ölrose, die Trigintipetala.
Wenn ich ausreichend Rosenblüten zum Destillieren gesammelt habe, ernte ich die noch ungeöffneten Rosenknospen. Sie werden anschließend bei 38 °C getrocknet.

Zubereitung

1. ½ Liter Wasser zum Kochen bringen, dann kurz abkühlen lassen.
2. 7 getrocknete Rosenknospen in einer Glaskanne mit dem Wasser überbrühen und zugedeckt 10 Minuten ziehen lassen.
3. Die am Deckel kondensierten Wassertropfen unbedingt mit in den Aufguss geben.

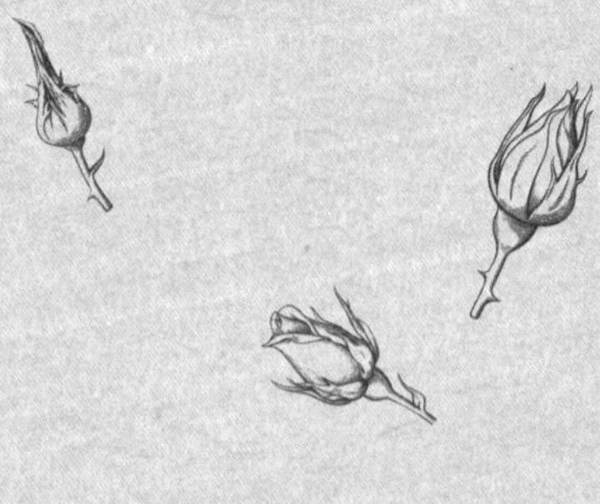

Haltbarkeit
1 Tag

Anwendung in der Volksmedizin
Rosenknospentee erfreut das Herz, entspannt, unterstützt und stärkt das ganze Frauenleben hindurch. Er wirkt innerlich leicht stopfend und äußerlich leicht adstringierend (zusammenziehend), ideal bei großporiger Haut. Er eignet sich für Umschläge nach kleineren Verbrennungen, dient als Mundwasser, für Spülungen bei Zahnfleischentzündungen, zum Gurgeln bei beginnenden Halsschmerzen und ist ideal für Waschungen und Bäder.

Den Rosenknospentee als Besonderheit genießen. Die Knospen der Trigintipetala sind ein kleines Wunder für sich. Beim Überbrühen und Ziehenlassen öffnen sie sich ein wenig, dies zu beobachten, erfreut bereits das Herz.
Inhaltsstoffe der Rosenknospen und Rosenblüten sind unter anderem: Gerbstoffe (u.a. oligomere Procyanidine), Lipide, Wachse, ätherisches Öl (enthält 400 Einzelsubstanzen, darunter Citronellol, Geraniol und Nerol, daneben Linalool, Farnesol, Citral, 2-Phenylethanol, Carvon, Rhodinol und Nonylaldehyd), Vitamin C, Vitamin-A-Säure, Pektine, Zitronen- und Apfelsäure, Carotine.

Hagebutten-Plus-Tee-Mischung

Zubereitungszeit 10 Minuten, Schwierigkeit leicht

Der Hagebutten-Plus-Tee ist ein nach Vanille schmeckendes, gesundes Getränk. Das »Plus« steht für die Hagebuttenkerne, die er zusätzlich zu den Hagebuttenschalen enthält. In den Kernen stecken viel Kieselsäure und Vanillin, deshalb schmeckt der Tee leicht »vanillig«.

Er wird in der Volksmedizin vor allem beim rheumatischen Formenkreis, bei Nieren- und Blasensteinen und zur Blutreinigung kurmäßig empfohlen.

Zutaten

3 Teile Hagebuttenschalen
1 Teil getrocknete Hagebuttenkerne

Zubereitung

1. Die Hagebuttenkerne zuerst durch ein gröberes, dann durch ein feineres Sieb streichen, um sie von den feinen Härchen zu trennen.
2. Mit den Hagebuttenschalen vermischen und abfüllen. Kühl und dunkel lagern.

Anwendung in der Volksmedizin

Hagebutten-Plus-Tee eignet sich als Frühjahrskur, bei rheumatischen Beschwerden, bei Schwächezuständen, zur Steigerung der Abwehrkräfte, zur milden Entwässerung bei Flüssigkeitsansammlungen, zur Vorbeugung von Blasen- und Nierensteinen und zur Unterstützung bei Blasen- und Nierenleiden.

1 EL der Hagebutten-Plus-Mischung in 250 ml Wasser ½ Stunde kochen und kurmäßig dreimal am Tag trinken.
Inhaltsstoffe der Hagebutten laut Chrubasik-Hausmann: Vitamin C (bis 2 %), Apfel- und Zitronensäure (3 %), Pektinsäuren (bis 11 %), Polyphenole (bis 8,3 %), Anthocyane, Proanthocyanine, Flavonoide, Galaktolipide, fettes Öl (bis zu 2,5 %) mit Linolsäure (55 %) Linolensäure (20 %) und Carotinoide (0,17 %) wie Lycopin, Gerbstoffe, Vitamine K, P und B-Vitamine, Provitamin A, Kalzium, Kalium, Natrium, Magnesium, Eisen und Phosphat.

Rosengeranien-Duftessig

Zubereitungszeit 30 Minuten, Schwierigkeit leicht

Diesen Rosengeranien-Duftessig benutze ich für meine tägliche Morgenroutine und er schafft es, jeden noch so grauen Morgen in einen Gute-Laune-Tag zu verzaubern. Wie der Name schon verrät, duftet er nach Rosen und Rosengeranien – die reinste Offenbarung für alle Rosenliebhaberinnen.
Kräuteressige gelten bei uns als »Antibiotikum der einfachen Leute« oder als »Bauern-Antibiotikum«. Medizinalessige kennen wir als Pestarzneien und als Wunddesinfektion. Dieser Rosenduftessig ist Heilmittel und Schönheitsmittel in einem.

***Zutaten** (für 3 Flaschen mit 250 ml Fassungsvermögen)*
3 Handvoll frische Duftrosenblütenblätter
500 ml naturtrüber Bio-Apfelsaft
250 ml Rosengeranienhydrolat
30–50 Tropfen ätherisches Rosengeranienöl

Zubereitung

1. Die Duftrosenblütenblätter mit der Hand zerkleinern und in ein weithalsiges Glas füllen.
2. Den Apfelessig über die zerkleinerten Blütenblätter gießen.
3. Das Glas verschließen und gut schütteln.
4. Mit Datum und Inhalt beschriften und in der Küche 3 Wochen lang stehen lassen. Täglich schütteln.
5. Nach 3 Wochen abfiltern. Den Rosenessig in ein Glas füllen, das Rosengeranienhydrolat und das ätherische Rosengeranienöl dazugeben. Verschließen und gut schütteln.
6. Den Rosengeranien-Duftessig in Flaschen füllen, eine verschenken, eine selbst behalten und gleich benutzen und eine als Vorratsfläschchen in den Schrank stellen.

Haltbarkeit

6 Monate

Anwendung in der Volksmedizin

Rosengeranien-Duftessig stärkt das Immunsystem bei Pilzen, Bakterien und Viren, wirkt juckreizstillend und abschwellend, z.B. bei Insektenstichen, erfrischt und regt den Kreislauf an, entspannt und lindert Stress, hellt die Stimmung auf und macht gute Laune. Es gleicht die Psyche aus, fördert den Lymphfluss, pflegt die Haut, unterstützt den Säureschutzmantel der Haut und eignet sich als Kompresse bei stumpfen Prellungen, leichten Verbrennungen.
Rosengeranien-Duftessig hilft bei Hitzewallungen und Nachtschweiß und wirkt gegen Körpergeruch (Zeichen der Entgiftung).

Der Rosengeranien-Duftessig ist ein Konzentrat und wird vor jeder Anwendung gut geschüttelt und vor Gebrauch immer mit Wasser verdünnt!

Zu meinen Lieblingsanwendungen zählen die **Rosenwaschungen**. Für eine Oberkörperwaschung mit Rosengeranien-Duftessig den Rosengeranien-Duftessig vor Gebrauch gut schütteln und mit Wasser verdünnen: Ich verwende 1 EL auf ½ l kaltes Wasser.
Ein Leinentuch 2 Mal falten, in das kalte Rosengeranien-Duftessig-Wasser tauchen und so auswringen, dass bei der Waschung ein feuchter Film auf der Haut bleibt.
Mit der Waschung am rechten kleinen Finger beginnen, an der Armaußenseite bis über die Schulter hochfahren, dann zur Achselhöhle – diese mit auswaschen – und an der Innenseite abwärts waschen bis zum Daumen.
Das Tuch wenden und am linken Arm die Waschung wiederholen. Dann den Hals, die Brust in einer liegenden Acht umfahren und den Bauch im Uhrzeigersinn und abschließend den Rücken zügig waschen.
Sobald das Tuch warm wird, die Seite wenden, wenn nötig, erneut in das Duftwasser tauchen.
Sich danach nicht abtrocknen, sondern sofort anziehen und sich bewegen oder – wenn es die Zeit zulässt – im Bett 20 Minuten nachruhen.

Achtung! Nicht anwenden bei Frösteln und bei akuten oder schweren Erkrankungen.

EXKURS: WASCHUNGEN

»Die besten Gesundheitsmaßnahmen sind die, die Stärkendes auch spüren lassen«, pflegte Pfarrer Sebastian Kneipp (1821–1897) zu sagen.
Die Waschungen zählen zu den mildesten, aber sehr wirkungsvollen Kneipp-Anwendungen. Sie sind einfach in der Anwendung und kosten nur einige Minuten Zeit.
Die Anwendungen nach Kneipp arbeiten mit Wärme- und Kältereizen des Wassers. Der Körper reagiert auf den thermischen Reiz und dieser löst eine Gegenreaktion aus, denn der Körper versucht das Wärmegleichgewicht wieder herzustellen. Dabei werden nicht nur das Immunsystem trainiert und der Stoffwechsel angekurbelt, sondern auch das Nerven- und Hormonsystem und das Herz-Kreislauf-System profitieren davon.
An Reize muss sich unser Körper erst gewöhnen, deshalb gilt auch hier die wichtige Regel der Volksmedizin: »Sanfte Reize stärken, mittelstarke Reize fördern und starke Reize schwächen die Lebenskraft.«
Wichtig ist außerdem, dass eine kalte Waschung nicht auf kalter Haut durchgeführt wird, deshalb ist vorher durch Bewegung oder mittels der Bettwärme für eine gute Durchwärmung zu sorgen.

Milchzucker-Rosen-Verreibung

Zubereitungszeit 2 Stunden, Schwierigkeit leicht

Die Milchzucker-Rosen-Verreibung ist eine wirkungsvolle süße Medizin, die sich auch für Kinder, Schwangere und empfindsame Personen eignet.

Für Frauen ist sie ein Zaubermittel, das jede Frau erstrahlen und erblühen lässt. Voraussetzung für die Herstellung sind etwas Zeit und Geduld, eine positive Grundstimmung und das Sich-Einlassen auf das zauberhafte Pflanzenwesen der Rose. Dafür werden wir reichlich belohnt. Der achtsame Herstellungsprozess gleicht einer Meditation, er versetzt mich wie in Trance und lässt die Wirksamkeit dieses Heilmittels erahnen.

Zutaten

3 frische Damaszenerrosen-Blütenblätter

9 + 90 g Milchzucker

VERREIBUNGEN IN DER HOMÖOPATHIE

Aus Verreibungen werden homöopathische Arzneimittel hergestellt. Es werden daraus Tabletten gepresst oder sie werden in Alkohol gelöst und dann durch das Verschütteln weiter potenziert. Damit werden Zuckerkügelchen benetzt und so Globuli hergestellt.

Anstelle dieser Milchzucker-Rosen-Verreibung verwendet die Homöopathie auch das Mittel Rosa damascena D6.

Zubereitung

1. Die ideale Verarbeitungszeit ist der erste Tag nach Vollmond bei sonnigem Wetter. Eine besonders schöne, duftende Damaszenerrose wird am ersten Tag nach dem Vollmond geerntet und zur Mittagszeit, wenn die Sonne am höchsten steht, verarbeitet.
2. Die frischen Blütenblätter werden mit 9 g Milchzucker eine Stunde lang in einem Keramikmörser verrieben.
3. Eine Uhr in Sichtweite kann dabei helfen, alle 15 Minuten eine kleine Pause einzulegen, den Pistill niederzulegen und die Verreibung mit einem Spatel oder einer Karte vom Rand des Mörsers, wo er sich abgesetzt hat, abzukratzen.
4. Nach 1 Stunde wird diese erste Mischung mit 90 g Milchzucker aufgefüllt und 1 weitere Stunde lang weiterverarbeitet.

Haltbarkeit

1 Jahr

Anwendung in der Volksmedizin

Die Milchzucker-Rosen-Verreibung harmonisiert Körper, Geist und Seele, strahlt die Aura einer Göttin aus, hellt auf, hilft bei Kraftlosigkeit, Niedergeschlagenheit, bei Schmerzzuständen und stabilisiert den Schlaf-Wach-Rhythmus.

Als Kur: 3 Wochen lang morgens nüchtern 1 Msp. Milchzucker-Rosen-Verreibung einnehmen und gut einspeicheln.

»Frauenpower« Rosenduft-Aromaspray

Zubereitungszeit 10 Minuten, Schwierigkeit leicht

Dieser harmonisierende Aromaspray kann als Duftwasser, als Deodorant oder als Körperumfeldspray verwendet werden.

Zutaten
10 ml Alkohol 95 %
4 Tropfen ätherisches Öl Rosengeranie
3 Tropfen ätherisches Öl Pfefferminze
3 Tropfen ätherisches Öl Bergamotte
50 ml Rosenhydrolat
20 ml Pfefferminzhydrolat
20 ml Muskatellersalbei-Hydrolat

Zubereitung

1. Den Alkohol und die ätherischen Öle in eine 100-ml-Sprühflasche geben und gut verschütteln.
2. Die Hydrolate hinzufügen und alles gut vermengen.
3. Vor jeder Anwendung kräftig schütteln.

Anwendung in der Volksmedizin

Ein Rosenduft-Aromaspray wirkt entspannend und ausgleichend. Er hellt die Stimmung auf, unterstreicht die Weiblichkeit und die Ausstrahlung. Er stärkt die Psyche bei hormonell bedingten Stimmungsschwankungen und erfrischt und kühlt bei Hitzewallungen.

Dieser besondere Aromaspray hat sich als Erfrischungsspray bei Erschöpfung, zur Stärkung, zur Schweißregulierung in stressigen Zeiten und in den Wechseljahren schon vielfach bewährt. Bei Bedarf auf das Dekolleté sprühen oder den Duft als Körperumfeldspray genießen. Frau fühlt sich erfrischt, gestärkt und mit Rosenduft umhüllt.

Dreierlei-Rosentinktur Rose-Zistrose-Rosenwurz

Zubereitungszeit 20 Minuten, Schwierigkeit mittel

Diese Rosentinktur stelle ich aus dreierlei Pflanzengöttinnen – alle mit einem Rosennamen – her. Es ist eine kraftvolle Tinktur, die uns in besonderen Zeiten stärkt.
Wie die Rose ist auch die Zistrose – mit botanischem Namen *Cistus incanus ssp. tauricus* – ein Sonnenkind. Mit einem leichten Winterschutz übersteht sie den Winter bei uns im Etschtal. Der hohe Gehalt an Polyphenolen mit ihrer antioxidativen Wirkung macht dieses mediterrane Macchiakraut zu einem Schatz in jeder Hausapotheke. Verwendet werden die zarten, fast papierenen rosa Blüten samt Blättern.

Die Wurzel der Rosenwurz – *Rhodiola rosea* – duftet im getrockneten Zustand nach Rosen. Dieses langsam wachsende, winterharte Dickblattgewächs ist bei uns in Südtirol in der freien Natur selten und nur in den höheren Lagen anzutreffen. Die Rosenwurz bevorzugt einen mageren, gut durchlässigen und kalkfreien Boden. Deshalb halte ich sie in einem Topf mit sandiger Erde.

Mein Tipp: Alkoholkonzentration

Eine Tinktur, abgeleitet vom lateinischen tinctura (von tingere, das bedeutet »eintauchen, färben«) – ist ein heilkräftiger Pflanzenauszug in einem Alkohol-Wasser-Gemisch.

Um die Wirkstoffe dieser drei Pflanzen optimal herauszulösen, ziehe ich die frischen Rosenblütenblätter mit einem 60%igen Alkohol aus und das getrocknete Cistrosenkraut sowie die getrockneten Rosenwurz-Wurzeln mit einem 70%igen Alkohol. Ich richte mich nach den Empfehlungen von Cornelia Stern, der Leiterin der Freiburger Heilpflanzenschule.

96%igen Alkohol bekommt ihr z. B. in der Apotheke. Dieser lässt sich mit Trinkwasser in die gewünschte Konzentration verdünnen. Alkohol und Wasser haben eine unterschiedliche Dichte.

Vorbereitung

Rosenblütentinktur: Ich bevorzuge für die Rosentinktur die frischen duftenden Damaszenerrosenblüten.

Die Blüten abzupfen und wiegen. Auf **1 Teil frische Blütenblätter** berechne ich **1 Teil 60%igen Alkohol.**

Die Blütenblätter im Mörser mit wenig Alkohol zu einem Pflanzenbrei zerreiben.

Diese Bewegungsmazeration begleite ich mit kraftvollen, guten Gedanken.

Die ständige Bewegung mit dem Mörser löst die Inhaltstoffe. 15 Minuten lang werden die Blütenblätter im Alkohol aufgebrochen.

Dann wird der Pflanzenbrei in ein Glas gefüllt, mit dem restlichen Alkohol vollständig bedeckt und gut vermischt.

Das Glas verschließen und 7 Tage lang an einen warmen Ort (in der Küche) stellen. Täglich gut schütteln.

Dann wird der Brei zuerst durch ein Sieb und anschließend durch einen Milchfilter abgefiltert, um Schwebstoffe zu entfernen. Die fertige Tinktur bewahre ich in einem dunklen Glasgefäß auf und beschrifte sie.

Zistrosentinktur: Das Zistrosenkraut zum balsamischen Zeitpunkt (tirolerisch für den Zeitpunkt, an dem die Pflanzen den höchsten Gehalt an Nährstoffen hat) ernten und schonend trocknen.

Das Zistrosenkraut abwiegen. Auf 1 Teil getrocknetes Zistrosenkraut berechne ich 4 Teile 70%igen Alkohol. Laut Cornelia Stern lösen sich mit dem höheren Alkoholgehalt die Proanthocyanidine sowie das ätherische Öl besser.

Die weitere Verarbeitung ist dieselbe wie bei der Rosenblütentinktur (siehe oben), mit dem Unterschied, dass die Bewegungsmazeration der getrockneten Teile etwas mehr Alkohol und etwas mehr Zeit erfordert, damit die Zellwände aufquellen und aufgebrochen werden.

Mein Tipp:
Da ich immer wieder Tinkturen herstelle, mische ich mir diese zwei Alkohol-Wasser-Lösungen (60%igen und 70%igen Alkohol) auf Vorrat.

Rosenwurztinktur: Die Rosenwurz zum balsamischen Zeitpunkt ernten, säubern, klein schneiden und schonend trocknen. Ihr könnt getrocknete Rosenwurz-Wurzeln auch im Kräuterladen kaufen.

Die Rosenwurz abwiegen. Auf 1 Teil getrocknete Rosenwurz berechne ich 4 Teile 70%igen Alkohol.

Die weitere Verarbeitung ist dieselbe wie beim Grundrezept der Rosenblütentinktur, mit dem Unterschied, dass die Bewegungsmazeration der getrockneten Wurzeln mehr Alkohol und mehr Zeit erfordert.

Zubereitung *(Dreierlei-Rosentinktur)*
1 Teil Rosenblütentinktur, 1 Teil Zistrosentinktur und 1 Teil Rosenwurztinktur abmessen und in ein dunkles Glas mit Tropfverschluss oder mit einer Pipette füllen. Gut schütteln und etikettieren.

Anwendung in der Volksmedizin
Die Dreierlei-Rosentinktur ist ein Stärkungsmittel bei Krankheiten, Erschöpfungszuständen und chronischer Müdigkeit. Sie schützt das Immunsystem, das Herz und die Nerven, wirkt antioxidativ, lindert Schmerzen und hellt bei psychischen Belastungen auf. Sie sorgt für Entspannung, hat entzündungshemmende, antibakterielle und antivirale Eigenschaften und bringt Körper, Geist und Seele ins Gleichgewicht.

Bei Bedarf oder als Kur: 20 Tropfen schluckweise einnehmen

Mein Tipp:
Alternativ können die drei Rosenschätze einzeln getrocknet, zu gleichen Teilen gemischt und als Teemischung luftdicht und dunkel aufbewahrt werden.
Bei Bedarf oder als Kur pro Tasse 1 Drei-Finger-Prise der Mischung mit kochendem Wasser übergießen, 20 Minuten zugedeckt ziehen lassen und schluckweise 3 Mal am Tag 1 Tasse davon trinken.

EXKURS: DIE »PFROUSLKUR«

Wenn wir an die Rose als Heilmittel denken, fällt uns gleich die Hagebutte ein. Wir schätzen sie vor allem als Vitamin-C-Lieferant. Die wertvollen Rosenfrüchte enthalten zwischen 300 und 3000 mg Vitamin C pro 100 g Hagebutten, sie weisen im Vergleich zu Zitronen und Orangen einen 20- bis 30-fachen Gehalt an Vitamin C auf. Das Besondere daran ist die Synergie mit den anderen Pflanzeninhaltsstoffen, unter anderem den Vitaminen A, B, E und K, den Anthocyanen, den Karotinoiden und den Mineralien. Damit kann der Körper das Vitamin C der Hagebutte besser aufnehmen als beispielsweise mit der reinen Ascorbinsäure in Pulverform. Außerdem haben die Begleitstoffe auch eine gesundheitliche Wirkung auf unseren Körper.

Schon in der Steinzeit waren die Hagebutten beliebt, Funde in den Pfahlbauten am Bodensee deuten darauf hin. *»Esst olle Tog 3 Pfrouslen und 3 Kranewitt, nor stirbsche nit!«*, lautet ein alter Bauernspruch und meint damit wahrscheinlich *»nor stirbsche zumindescht nit sou schnell«*.

Drei frische Hagebutten täglich gut zerkauen, darauf hat schon meine Großmutter, die Pfeiffer Nannl aus Kortsch im Vinschgau, viel gehalten. Sie nannte es die *»Pfrouslkur«* (*»Pfrousl«* = Hagebutte der Wildrose). Dass diese, jeden Herbst 3 Wochen lang durchgeführt, das Immunsystem kräftigt und stärkt, davon war sie überzeugt.

»Nor konn kemman, wos will«, schmunzelte meine Großmutter, während sie uns Kindern je drei Hagebutten in die Hand drückte. Sie gab uns die genaue Anweisung mit auf den Weg: Zuerst mussten wir das schwarze Ende mit dem Fingernagel abzwicken, dann die Hagebutten auseinanderbeißen, die Kerne und Härchen herauspulen und dann die Hagebuttenschalen vor dem Verzehr gut einspeicheln, und zwar so lange, bis sie süßlich schmecken.

Der Schweizer Naturheilpraktiker Bruno Vonarburg bezeichnet genau diese Kur als »Rosenfruchtkur« und die Hagenbutte als »die Vitamintablette beim Spazierengehen«. Er empfiehlt, jeweils morgens und abends nach dem Essen eine frische Hagebutte ohne Kerne zu verspeisen. Diese Rosenfruchtkur wirkt blutreinigend, appetitanregend, mild harntreibend sowie leicht abführend und stärkt das Immunsystem.

Neben dem hohen Vitamin-C-Gehalt gelang es dänischen Wissenschaftlern in den 1990er-Jahren, einen weiteren interessanten Wirkstoff aus der Hagebutte zu isolieren, die Galaktolipide. Diese Zucker-Fettsäure-Verbindungen schützen vor freien Radikalen, unterstützen die Beweglichkeit der Gelenke, die Knorpelfunktion sowie die Kollagenbildung und mindern Gelenkschmerzen.

Dabei wiesen die Forscher darauf hin, dass diese besonderen Inhaltsstoffe nicht hitzestabil sind und bei Temperaturen über 40 °C zerstört werden.

Hagenbuttenpulver

Für das Hagebuttenpulver ernte ich die sonnengereiften Hagebutten vom Spätsommer bis in den Winter hinein. Wenn wir die Früchte nach dem ersten Frost ernten oder sie 3 Tage lang ins Gefrierfach legen, bilden sie vermehrt Zucker und bekommen einen angenehmen, leicht süßlichen Geschmack, ideal für die Herstellung von Fruchtaufstrichen.

Zutaten
frische, sonnengereifte Hagebutten

Zubereitung

1. Verarbeitet werden die Fruchtschale und die Kerne der frischen Hagebutten.
2. Dazu werden der Stielansatz entfernt und die Hagebutten längs aufgeschnitten.
3. Früchte und Kerne in einem Trockner bei 38 °C oder im Backofen bei 40 °C gut trocknen, dabei die Tür mit einem hölzernen Kochlöffel einen Spalt breit offen halten.
4. Die getrockneten Hagebuttenschalen samt Kernen durch ein gröberes, dann durch ein feineres Sieb rütteln, um sie von den feinen Härchen zu trennen.
5. Die Mischung in kleinen Mengen in einem guten Standmixer oder einer leistungsstarken Kaffeemühle in mehreren Etappen fein pulverisieren. Den Mixer immer wieder ausschalten und abkühlen lassen, damit sich das Mahlgut nicht erwärmt. Kleinere Mengen lassen sich gut mit einem großen Steinmörser pulverisieren.
6. Das Pulver durch ein Sieb streichen, mit den gröberen Körnchen diese Prozedur so oft wiederholen, bis das Pulver die gewünschte Körnung erreicht hat. Das Pulver auf Seidenpapier ausbreiten und noch eine Nacht nachtrocknen lassen.

7. Danach in ein verschließbares Glas umfüllen und beschriften.
8. Das Hagebuttenpulver lichtgeschützt und trocken lagern.

Anwendung in der Volksmedizin

Hagebutten sind hilfreich zur Stärkung des Immunsystems, bei Grippe und Erkältungen, bei Nieren- und Blasenerkrankungen, bei Steinleiden, bei Gicht, Rheuma und Ischias, bei Arthrose und Arthritis, bei Schmerzen und Steifheit in den Gelenken, bei Rückenschmerzen und bei Entzündungen.

Das Hagebuttenpulver verwende ich zur Stärkung des Immunsystems oder begleitend bei Gelenks- oder Rückenproblemen. Das Pulver an besten kurmäßig einnehmen. Dazu 3 Wochen lang nüchtern ½ TL Hagebuttenpulver mit ½ TL Bienenhonig aus eurer Umgebung gut einspeicheln.

Mein Tipp:

Die Herstellung des Hagebuttenpulvers erfordert etwas Zeit und Muße. Für mich ist bereits das Verarbeiten dieser wertvollen Rosenfrüchte ein Sinneserlebnis und das Verreiben im Mörser betrachte ich als eine kleine Meditation.

Im Handel gibt es verschiedene Hagebuttenpulver zu kaufen, dabei sollte aber auf Folgendes geachtet werden: Woher stammen die Hagebutten? Werden auch die Kerne mitverarbeitet? Wie erfolgen die Trocknung und das Vermahlen?

Rosen-Sole-Tinktur

Zubereitungszeit 10 Minuten, Schwierigkeit leicht

Unsere Meere sind Salzlösungen, genauso wie das Fruchtwasser, in dem das Kind im Mutterleib schwimmt. Unsere Zellen, unser Blut, unsere Lymphe, unsere Tränenflüssigkeit und unser Urin enthalten Salz-Wasser-Verbindungen. Salz und Wasser sind wichtige Bausteine, ohne die wir nicht leben könnten, gemeinsam ergeben sie eine Salzlösung, genannt Sole.
Die Sole kann als Urtinktur die Heilkräfte der Rose einfangen. Sie hat eine hohe Bio-Verfügbarkeit und ist eine wunderbare Alternative zu alkoholischen Tinkturen.

»Das Salz ist wie Blut und
wie eine Wasserblume und
es verleiht dem,
der es mäßig gebraucht, Kräfte.«
Hildegard von Bingen

Zutaten

1 Handvoll Damaszenerrosen-Blütenblätter
1 kleines Glas Ursalz
2 kleine Gläser Quellwasser

Zubereitung

1. Die Rosenblütenblätter mit einem Keramikmesser klein schneiden.
2. Mit dem Salz in einen Mörser geben und gut vermörsern.
3. Die Mischung in ein Glas füllen und mit dem Wasser übergießen.
4. Den Ansatz 3 Wochen lang in der Küche stehen lassen und täglich gut schütteln. Sollte sich in der Zeit das Salz vollständig auflösen, noch etwas Salz hinzufügen.
5. Die Rosen-Sole-Tinktur abseihen, abfüllen und beschriften.

Mein Tipp:

Für die Zubereitung dieser Rosen-Sole-Tinktur brauchen wir eine gesättigte Salzlösung. Eine gesättigte Sole garantiert eine gute Extraktion der Rosen, ist gut haltbar, keimtötend und pilzhemmend. Das maximale Lösungsvermögen von Salz in Wasser liegt bei 26 %, das wären in 100 ml Wasser 26 g Salz. Damit ich sichergehe, dass ich mit dem Zusatz der Blütenblätter noch eine gesättigte Salzlösung habe, gebe ich lieber etwas mehr Salz in die Mischung, sodass immer etwas ungelöstes Salz im Wasser bleibt.

Haltbarkeit

1 Jahr

Anwendung in der Volksmedizin

Eine Rosen-Sole-Tinktur wirkt isotonisch, vitalisierend, entgiftend, desinfizierend, entzündungshemmend, desodorierend, beruhigend und positiv auf das Immunsystem. Sie hilft bei Schwellungen, Halsschmerzen und bei Infektionen im Mundraum. Sie dient zur Stärkung des Zahnfleisches, wirkt unterstützend bei einer Fastenkur und ist hilfreich bei Kopfschmerzen.

Zum Stärken des Immunsystems und des Nervensystems: 3 Mal täglich 3 Tropfen der Rosen-Sole-Tinktur in die Armbeuge einreiben oder 1 TL voll mit 1 großen Glas Wasser langsam trinken.

Diese Rosen-Sole-Tinktur eignet sich bei einer beginnenden Erkältung, bei Halsschmerzen, bei Infektionen im Mundraum und bei Zahnfleischproblemen. Dafür vermische ich 1 EL Rosen-Sole-Tinktur mit 1 EL Honig.

Die Rosen-Sole-Tinktur kann als Fußbad das Ab- und Ausleiten von Säuren unterstützen. Für ein Entgiftungsfußbad – z.B. während einer Fastenkur oder bei Kopfschmerzen – gebe ich 1 *Stamperle* (tirolerisch für Schnapsglas) Rosen-Sole-Tinktur ins warme Fußbadewasser.

Mein Tipp:

Ich verwende ein unbehandeltes Natursalz aus dem Bioladen. Dieses enthält keine Zusatzstoffe wie Rieselhilfen, Jod oder Fluor, dafür Mineralien und Spurenelemente.

Rosenelixier – Liebeselixier

Zubereitungszeit 30 Minuten, Schwierigkeit leicht

Aus der Klostermedizin stammen viele Rezepte von Medizinalweinen, denn jedes Kloster besaß einen Kräutergarten, mehrere Bienenstöcke und einen Weinkeller.
Der Wein dient wie der Honig als Trägerstoff, der die Wirkstoffe der Kräuter auszieht und sie für uns verfügbar macht. Der Honig sorgt für die Süße im Leben und ist als »Medizinpferd« imstande, die Kräuter besonders schnell in den Körper einzuschleusen.
Dieses Rosenelixier nach einem Rezept von Hildegard von Bingen habe ich weiterentwickelt, ich verwende dazu einen dunklen Rotwein und würze mit weiteren Liebeskräutern. Als »Liebeselixier« feuert er die Glückshormone an und beflügelt nicht nur die Fantasie.

Zutaten
3 Handvoll frische duftende rote Rosenblütenblätter
2 Handvoll frischer Rosmarin
1 Vanilleschote
1 Stück Ingwerwurzel
1 Stück Ceylonzimt
5 Gewürznelken
¾ l Rotwein
1 Handvoll getrocknetes Damianakraut
3 EL Bienenhonig
15 Tropfen Pomeranzenöl
15 ml hochprozentiger Alkohol

Zubereitung

1. Die Rosenblütenblätter und den Rosmarin mit einem Keramikmesser zerkleinern.
2. Das Mark der Vanilleschote herauslösen.
3. Den Ingwer in Scheiben schneiden und zusammen mit den Kräutern, dem Vanillemark, dem Zimt und den Nelken mit dem Wein übergießen.
4. Unter ständigem Rühren erhitzen. Sobald der Wein kocht, den Topf vom Herd nehmen und etwas abkühlen lassen.
5. Im handwarmen Gewürzwein den Bienenhonig auflösen, das Pomeranzenöl und den hochprozentigen Alkohol dazumischen, dann abseihen und in 3 kleine Flaschen abfüllen.
6. Den Rosenwein kühl und dunkel aufbewahren.

Haltbarkeit

6 Monate

Anwendung in der Volksmedizin

Das Rosenelixier erfreut das Herz, regt den Kreislauf an, fördert die Durchblutung, entzündet das innere »göttliche Feuer«, wirkt aphrodisierend, steigert die Fruchtbarkeit, stärkt, kräftigt und muntert auf.

Ich genieße dieses wohlschmeckende Rosenelixier als Stärkungs- und Aufbaumittel und bei Müdigkeit und Lustlosigkeit als »Liebeselixier«. Bei Bedarf jeweils 1 kleines Likörglas voll zu zweit genießen.

Der dunkle Rotwein wirkt zusätzlich anregend und verdauungsfördernd. Als Pomeranzenöl wird das ätherische Öl der Bitterorange *(Citrus aurantium ssp. amara)* bezeichnet, das durch Auspressen der Fruchtschalen gewonnen wird.

Liebespulver nach Hildegard von Bingen

Zubereitungszeit 10 Minuten, Schwierigkeit leicht

Von der heiligen Hildegard von Bingen stammt auch dieses Rezept einer aphrodisierenden Kräutermedizin.
Sie schreibt in ihrem naturheilkundlichen Werk »Physica« 1–22:

> »Und wer jähzornig ist, der nehme die Rose und etwas weniger Salbei und zerreibe es zu Pulver. In jener Stunde, wenn der Zorn ihm aufsteigt, halte er es an seine Nase. Denn der Salbei tröstet, die Rose erfreut.«

Die Liebe kann Berge versetzen, sie beflügelt und ist ein Jungbrunnen.
Aphrodisiaka stärken und aktivieren unsere Lebenskraft. Ein starker Mensch sprüht nur so vor Vitalität und Lebensfreude und ist auch den sinnlichen Freuden nicht abgeneigt.

Zutaten
2 Handvoll duftende Rosenblütenblätter
1 Handvoll Salbeiblätter
nach Belieben Vollrohrzucker

Zubereitung

1. Die Rosenblüten- und Salbeiblätter schonend (bei maximal 40 °C) trocknen.
2. Im Mörser zu einem feinen Pulver verreiben.
3. Das Pulver durch ein Sieb streichen und mit dem Vollrohrzucker vermischen.
4. In ein gut verschließbares Gefäß füllen und beschriften.

Anwendung in der Volksmedizin

Das Liebespulver hebt die Stimmung, steigert die Lebensfreude, tröstet und stärkt bei seelischen Verstimmungen, stärkt das Immunsystem, aktiviert, vitalisiert und fördert die Sinnlichkeit.

Morgens nüchtern und abends vor dem Schlafengehen in kleinen Mengen einnehmen und mit einer Prise Humor den »Liebeszucker« gut einspeicheln.

Mein Tipp:

Die aphrodisierende Wirkung kann mit einem Schluck Rosenelixier verstärkt werden. Dabei sollten es diejenigen, die das innere »göttliche Feuer« (wieder) anzünden möchten, gemeinsam genießen.

Wildrosen-Blütenessenz

Zeit 40 Minuten, Schwierigkeit leicht

Nach Albert Einstein gibt es zwei Arten, sein Leben zu leben, »entweder so, als wäre nichts ein Wunder, oder so, als wäre alles eines«.
Die Wildrosen-Blütenessenz unterstützt uns dabei, unser Leben nach der zweiten Art auszurichten.
Diese Blütenessenz enthält keine stofflichen Substanzen, sondern die feinstoffliche Schwingung der Wildrose.
Als Trägerstoff verwende ich Quellwasser.

Material
3 schöne Wildrosenblüten von einem sonnigen Standort
30 ml Quellwasser
30 ml Wodka

Anleitung

1. An einem sonnigen, wolkenlosen Tag ernte ich frühmorgens drei schöne Wildrosenblütenköpfchen. Ich verwende dazu ein Keramikmesser.
2. Die Wildrosen lege ich in ein mit Quellwasser gefülltes Becherglas. Dieses wird für 30 Minuten erhitzt.
3. Danach den Ansatz abkühlen lassen, durch ein Sieb und einen Milchfilter filtern und mit derselben Menge Wodka haltbar machen. Diese Mutteressenz wird in ein Pipetten-Fläschchen gefüllt und etikettiert.
4. Für die Wildrosen-Blütenessenz wird ein 10-ml-Pipetten-Fläschchen mit Wodka gefüllt und mit 3 Tropfen der Mutteressenz verschüttelt.

Anwendung

Morgens nüchtern 3 Tropfen direkt auf die Zunge geben oder mit einem Glas Wasser schluckweise trinken und sich dabei mit der Schönheit und der Wehrhaftigkeit der Wildrose verbinden.

Aus der Wildrose wird auch eines der 38 Bachblüten-Konzentrate hergestellt. »Wild Rose« kommt in der **Bachblütentherapie** bei Lustlosigkeit, Apathie, Resignation und Teilnahmslosigkeit zum Einsatz. Die Bachblüte »Wild Rose« wird oft auch als Lebenslust-Blüte bezeichnet.

Rosenschmecker (Rosen-Riechsalz)

Zeit 5 Minuten, Schwierigkeit leicht

Dieser »Rosenschmecker« steht griffbereit neben meinem PC. Bei Stress oder Müdigkeit öffne ich das Gläschen, schnuppere Lebensfreude und tanke Energie auf.

Material

ätherische Öle: 2 Tropfen Weihrauchöl, 6 Tropfen Rosa-damascena-Öl 10 %, 6 Tropfen Grapefruit
nach Belieben grobes Meersalz
nach Belieben Rosenpulver
1 10-ml-Fläschchen

Anleitung

1. Die ätherischen Öle in das Fläschchen tropfen, verschließen und das Glas drehen, sodass die ätherischen Öle die Wand des Gläschens benetzen.
2. Das grobe Meersalz im Mörser kurz zerstoßen, mit dem Rosenpulver vermischen und damit das Gläschen nicht ganz bis zum Rand auffüllen.
3. Gut schütteln und das erste Mal dran schnuppern.

Anwendung

Einfach das Gläschen öffnen und die Kraft der Rose einatmen.

Mein Tipp:

Dieser Rosenschmecker kann in der Handtasche mitgenommen werden, er zaubert bei Bedarf schnell gute Laune und ein Lächeln ins Gesicht.

Räuchermischung Rosen-Wald

Zeit 10 Minuten, Schwierigkeit leicht

Beim Räuchern lassen wir getrocknete Rosenblütenblätter vermischt mit Harzen und weiterem Räucherwerk auf einer Räucherkohle oder einem Sieb verglimmen.
Rosen-Räucherdüfte bringen die Seele zum Schwingen und sind Balsam für die Sinne.

Material
3 Finger voll Fichtenharz
3 Finger voll Wacholderbeeren
3 Finger voll getrocknete Engelwurz
3 Finger voll getrocknete Waldnadeln
3 Finger voll getrocknetes Moos
3 Finger voll getrocknete rote Rosenblütenblätter

Das **Fichtenharz** ist unser heimischer Waldweihrauch, er reinigt und desinfiziert, ist eine Wohltat für die Bronchien, weitet das Herz, stärkt und heilt alte Wunden, auch Wunden in unserer Seele.
Die **Engelwurz** gilt als unsere große Lichtbringerin.
Der **Wacholder** gehört seit alters in jede Reinigungs- und Schutzräucherung.
Das **Moos** ist ein magisches Räucherwerk, es entzaubert böse Kräfte und stärkt die Lunge.

Anleitung

1. Das Fichtenharz im Mörser fein pulverisieren.
2. Die Wacholderbeeren zerdrücken.
3. Die Engelwurz und die Waldnadeln dazugeben und gut verreiben.
4. Das Moos mit den Fingern zerbröseln, ebenso die Rosenblütenblätter und mit dem Räucherwerk im Mörser vermischen.

Anwendung

Diese Räuchermischung ist für eine Räucherung auf dem Sieb oder auf der Kohle bestens geeignet.

Räucherdüfte gelangen als Duftmoleküle direkt von der Nase in den ältesten Teil des Gehirns, in das limbische System. Dort wirken sie unmittelbar auf unsere Gefühle, Erinnerungen und das vegetative Nervensystem. Deshalb können wir uns mit Düften beruhigen und entspannen, reinigen und befreien, die Konzentration und die Kreativität stärken, Heilungsprozesse unterstützen und persönliche Entwicklungsphasen begleiten.

Das Räuchern gehört zu den **ältesten rituellen Praktiken.** Unsere Urgroßeltern kannten und pflegten noch den Brauch, sich selbst, die Wohnräume und Ställe auszuräuchern.

Das Räuchern mit Kräutern und Harzen vertreibt »dicke Luft« und krank machende Energien, es wirkt reinigend und schützend.

Früher wurde zu den **Jahreskreisfesten** und bei besonderen Ereignissen im Leben, wie Geburt, Hochzeit oder Tod, geräuchert. Es wurde geräuchert, wenn Krankheiten oder Seuchen auftraten, um Keime abzutöten oder um Unwetter und böse Geister zu vertreiben und um Kleidung und Wohnräume zu aromatisieren und zu beduften.

Der Rauch steigt von der Erde hinauf zum Himmel und trägt symbolisch die Gebete und Bitten nach oben. Er soll die **Kontaktaufnahme mit den Ahnen** erleichtern und ihnen gute Wünsche in ihre Welt schicken.

Schamaninnen arbeiten mit dem Rauch und treten durch ihn in **andere Wahrnehmungszustände** ein.

EXKURS: KLEINE RÄUCHERANLEITUNG

Für welche Art der Räucherung – ob mit Kohle, Teelicht, Räucherkegel oder Räucherbündel – ihr euch entscheidet, ist Geschmackssache.

Eine Kohleräucherung eignet sich gut für eine Reinigungsräucherung. Für reine Dufträucherungen bevorzuge ich die Variante mit dem Teelicht.

Kohleräucherung: Für eine Kohleräucherung braucht es ein feuerfestes Räuchergefäß. Zur Wärmedämmung empfehle ich, etwas Sand oder kleine Steine in eine feuerfeste Schale zu geben.

Entzündet mit einer kleinen Zange eine Räucherkohle, bis sie zu »knistern« beginnt. Stellt sie für eine bessere Luftzufuhr hochkant auf das Sandbett.

Wartet, bis die Kohle durchgeglüht ist, bei Bedarf könnt ihr mit der Hand oder einer Feder etwas fächeln.

Nach einigen Minuten ist die Räucherkohle weiß-gräulich, wie etwa die Holzkohle beim Grillen.

Die Kohletablette könnt ihr nun auf dem Sandbett vorsichtig umdrehen, mit der Vertiefung nach oben.

Legt dann eine Prise Räucherwerk in die Vertiefung der Kohle.

Um die Hitze der Kohle abzumildern, könnt ihr etwas Räuchersand auf die Kohle streuen.

Räucherung mit Teelicht und Sieb: Für diese sanfte Räucherform könnt ihr eine Duftlampe mit einer abnehmbaren Schale und einem separaten Siebeinsatz oder ein Räucherstövchen mit einem Sieb verwenden. Zündet das Teelicht an und legt das Sieb auf das Stövchen.

Streut eine kleine Menge Räucherwerk auf das Sieb.

Wenn die Räucherkräuter schnell verkohlen, war die Hitze zu stark. Nehmt das Räucherwerk ab und ersetzt es mit neuem.

Platziert die Kräutermischung an den Rand des Siebes oder kürzt die Höhe des Kerzendochtes oder legt ein getrocknetes Lorbeer- oder Brombeerblatt darunter.

Achtung! Beim Räuchern entstehen hohe Temperaturen. Die Räuchergefäße können sehr heiß werden und es besteht Brandgefahr. Tiere und Kinder bitte vom Räuchern fernhalten.

Rosen-Körperstempel

Zeit 30 Minuten, Schwierigkeit mittel

Mit Rosenblütenblättern und Leinsamen lassen sich Rosen-Körperstempel für entspannende Massagen herstellen.

***Material** (für 1 Stempel)*
3 Handvoll duftende getrocknete Rosenblütenblätter
3 EL Leinsamen
1 großes Baumwolltaschentuch oder 40 × 40 cm große Stoffzuschnitte aus Baumwolle, Leinen oder Vliesstoff
1 Spagat (Schnur aus Naturfaser) oder 1 circa 80 cm langer Bindestreifen, z. B. ein Querband oder zusammengenähte Stoffreste für den Griff

Anleitung

1. Die Blütenblätter in eine Schüssel füllen, mit den Leinsamen vermischen und auf die Mitte des Taschentuches geben.
2. Die Ecken des Tuches anheben und übereinanderlegen, das Rosen-Leinsamen-Gemisch dabei zusammendrücken. Mit den zusammengefalteten Tuchzipfeln einen Stiel formen und diesen mit dem Spagat fixieren.
3. Das Rosen-Leinsamen-Gemisch zu einer kompakten, festen, runden Kugel formen. Den Griff mit dem Band oder dem Spagat straff umwickeln. Zuletzt das Band über der Kugel fest verknoten.

Mein Tipp:
Um Kräuterstempel für eine Wellnessbehandlung zu nutzen, sollten sie möglichst straff und fest gewickelt werden.

Anwendung

Den Rosen-Körperstempel zuerst kurz in kaltes Wasser legen. So wird er angefeuchtet, ohne dass die ätherischen Öle entweichen. Dann in Öl erwärmen und auf die verspannten Körperstellen »stempeln« oder den Stempel in Streich-, Kreis- und Klopfbewegungen über den Körper führen.

Mit dem Anfeuchten und Erwärmen lösen sich die Schleimstoffe des Leinsamens und vitalisieren die Haut.
Eine Kräuterstempel-Behandlung wirkt wie ein **feines Peeling,** das die abgestorbenen obersten Hautzellen entfernt und den Körper gut durchblutet.

Mein Tipp:
Für eine unvergessliche Rückenbehandlung der oder des Liebsten empfehle ich euch, mit zwei Stempeln gleichzeitig zu arbeiten.

Rosen-Duftkissen

Zeit 30 Minuten, Schwierigkeit leicht

Rosen-Duftkissen sind ein altbewährtes Hausmittel, um das Wohlbefinden fördern.
Sie umhüllen sanft mit der Kraft der Rose, helfen beim Einschlafen, dienen der Entspannung und können als feuchtwarme Auflage sogar Schmerzen lindern.
Im Wäscheschrank verströmen sie einen Hauch von Luxus und dezentem Duft.

Material

Baumwoll-, Leinen- oder Seidenstoff
getrocknete Rosenblütenblätter
nach Belieben weitere Kräuter wie Rosengeranie, weiße Melisse, Lavendel, Hopfen
einige Tropfen ätherisches Rosengeranienöl
Heilwolle

Anleitung

1. Den Stoff nach persönlicher Vorliebe als doppeltes Quadrat, Rechteck, rund oder in Herzform mit jeweils 1 cm Nahtzugabe zuschneiden.
2. Die Stoffe mit der bedruckten Seite nach innen zusammenlegen, die Nähte zunähen, bis auf einige Zentimeter auf einer Seite, zum Wenden und Füllen.
3. Die getrockneten Rosenblütenblätter in einer Schüssel mit dem ätherischen Öl beträufeln und gut vermischen.
4. Das Kissen wenden.
5. Die Wolle auseinanderzupfen und mit den Rosenblütenblättern in das Kissen füllen.
6. Die offene Seite des Kissens zunähen.

Meine Tipps:

Weniger Geübte *können ein längeres Stück Stoff in der Mitte falten, die Seitennähte zunähen und das Kissen wenden. Nach dem Füllen das Rosensäckchen mit einem schönen Band oder einer Kordel zubinden.*

Für **größere Rosen-Duftkissen** *lohnt es sich, einen separaten Außenbezug zu nähen, der gewaschen werden kann.*

Anwendung

Mit Rosen-Duftkissen bedufte ich meinen Wäscheschrank und lege eines gerne neben das Kopfkissen. Durch das Zusammendrücken und die Wärme des Körpers werden die ätherischen Öle freigesetzt und erleichtern das Einschlafen.

Mein Tipp:

Wenn der zarte Rosenduft »verduftet«, kann er wieder aufgefrischt werden, indem das Kissen mit Rosenhydrolat besprüht oder mit 3 Tropfen ätherischem Rosengeranienöl beträufelt wird.

Rosenmeditation

Zeit 10 Minuten, Schwierigkeit leicht

Diese Rosenmeditation ist ein Geschenk an euch.
Die Rose erinnert uns mit ihren Blüten und ihrem unbeschreiblichen Duft an unsere innere Schönheit und bringt unsere Kraft zum Leuchten.
Zugleich lernen wir von den Stacheln, uns selbst wertzuschätzen und uns auch abzugrenzen.

Anleitung

1. Nimm einen Tropfen vom Rosenblütenmazerat oder pflücke behutsam ein frisches, duftendes Rosenblütenblatt und zerreibe es zwischen den Fingern, bis etwas Rosensaft austritt.
2. Bestreiche damit deine Stirn ein wenig oberhalb der Augenbrauen.
3. Nun lege dich bequem auf den Rücken, die Beine liegen ganz entspannt auf dem Untergrund, die Arme liegen entspannt neben dir, der Rücken ist ganz entspannt.
4. Schließe die Augen … Spüre, wie sich eine wohltuende Wärme ausbreitet und wie du dich immer mehr entspannst.
5. Atme den Duft und die Schönheit der Rose ein, und fühle, wie dein Körper zur Ruhe kommt … Geh mit deinem Geist auf eine Reise, und lass die Rose dein Herz und deine Seele berühren.
6. Fühle dich mit der Rosenkraft verbunden. Atme den Duft der Rose ein, und fühle, wie er dich nährt … Atme die Schönheit der Rose ein, und fühle deine Schönheit … Atme die Kraft der Rose ein, und spüre diese Kraft in dir … Atme die Herzlichkeit der Rose ein, und spüre, wie sie deine Seele berührt … Atme das Rosenrot der Rose ein, und fühle, wie sich die Farbe

von deinem Herzen aus langsam ausbreitet und dich erstrahlen lässt …

7. Atme den Glanz der Rose ein, und wertschätze deine Einzigartigkeit … Atme die Stacheln der Rose ein, und fühle, wie sie dich stärken, deinen Weg zu gehen … Atme die Wehrhaftigkeit der Rose ein, und spüre in dich hinein, was gut für dich ist und wo deine Grenzen sind … Atme das Licht der Rose ein, und lass die Göttin in dir leuchten …
8. Gehe deinen Weg mit der Kraft der Rose, und werde eins mit der Rose in dir … Verweile in der Stille, und höre auf die Botschaft deiner Rose …
9. Fühle die Stärke deiner Rose … Werde eins mit deiner Rose … Spüre DEINE Schönheit … und DEINE Wehrhaftigkeit … Spüre DEINE Kraft … und DEINE Stärke … Verweile noch einige Augenblicke mit deiner Rose …
10. Kehre langsam zurück in deinen Körper, öffne die Augen und nimm die Botschaften dieser Rosenreise mit in deinen Alltag.

Mein Tipp:
Bei den 3 Punkten könnt ihr jeweils eine kleine Pause einlegen.

Anwendung

Ihr könnt diese Rosenmeditation langsam und entspannt lesen und sie mit eurem Mobiltelefon als Sprachnachricht aufnehmen. Wenn ihr euch etwas Gutes tun, euch entspannen oder stärken möchtet, so könnt ihr euch auf eine Matte legen, Brillen, Uhr und Schmuck ablegen und eure eigene Rosenmeditation anhören und genießen.

Mein Tipp:
Gönnt euch im Anschluss an diese Rosenmeditation noch einige Minuten Zeit, die Entspannung wirken zu lassen.

Rosenhydrolat: Anwendungen

Die Rose veredelt als Hydrolat, als Pflanzenölauszug und als ätherisches Öl bildet die Basis meiner selbst gerührten Naturkosmetik. Ein reines Rosenhydrolat, ohne Alkohol und ohne Zusatzstoffe, ist pur verwendet ein wahres Schönheitselixier. Siehe Qualitätsmerkmale eines hochwertigen Hydrolates im Kapitel »Basiswissen: den Duft und die Kraft einfangen«.
Die Herstellung des Rosenhydrolates findet ihr zu Beginn des Kapitels »Rosen für die Gesundheit«, neben den hier erwähnten wichtigsten Anwendungsbereichen für die Naturkosmetik verwende ich es als Basis für die Herstellung von Gels, Lotionen, Hautcremes, Rasierwasser und Seifen.

Anwendung in der Naturkosmetik

Das Rosenhydrolat wirkt harmonisierend, ausgleichend, beruhigend, feuchtigkeitsspendend, pflegend, regenerierend, revitalisierend, adstringierend, desodorierend, entstauend, entzündungshemmend, schmerzlindernd und juckreizmildernd.

Mildes Gesichtswasser: Das Rosenhydrolat auf ein Wattepad sprühen und damit die Haut reinigen.

Feuchtigkeitsspender: Am Abend auf die gereinigte Haut sprühen, ein Rosen-Beauty-Öl wie das Rosenserum auftragen und sanft einklopfen.

Deo für Puristen: Auf die gereinigte Haut unter den Achseln sprühen und kurz antrocknen lassen.

Rosen-Gesichts-Dampfbad für müde, schlecht durchblutete Gesichtshaut: 1 Handvoll Rosenblütenblätter mit ½ l kochendem Wasser überbrühen, zugedeckt 15 Minuten ziehen lassen. Die Kondenstropfen am Deckel in das Dampfbad geben, mit 3 EL Rosenhydrolat vermischen und das Gesicht über den aufsteigenden Dampf halten. Anschließend die Haut mit Rosenserum verwöhnen. Dieses Rosen-Gesichts-Dampfbad belebt, durchblutet und reinigt die Haut.

Sanfte Pflege der unreinen Haut (Aknehaut): Das Rosenhydrolat auf ein Wattepad sprühen und damit die Pusteln und Pickel reinigen.

Seelenbalsam: In besonderen Zeiten, bei Umbrüchen, Stimmungsschwankungen, Traurigkeit, in der Schwangerschaft, bei der Geburt und beim Sterben wirkt das Rosenhydrolat entspannend und umhüllend wie ein Seelenbalsam.
Ob als Bad, als Spray, als Kompresse oder in der Duftlampe, es gleicht aus, harmonisiert, unterstützt bei Übergängen, stärkt die Weiblichkeit und die Ausstrahlung.

Juckreizmildernder Spray: Der Gehalt an Phenylethanol beruhigt die gereizte Haut und mildert den Juckreiz. Wirkt kühlend und schmerzlindernd bei Insektenstichen.

Pflege bei Entzündungen und Schwellungen: Das feuchtigkeitsspendende Rosenhydrolat auf die betroffenen Hautstellen aufsprühen.

Bei Sonnenbrand und Verbrennungen: Eiswürfel aus gefrorenem Rosenhydrolat wirken schmerzlindernd und kühlen Sonnenbrand und kleinflächige Verbrennungen.

Trockene Schleimhaut: Für trockene Schleimhäute und bei Hämorrhoiden ist ein Sitzbad mit Rosenhydrolat als Zusatz eine Wohltat.

Bei überanstrengten und geröteten Augen: Schon Hildegard von Bingen empfiehlt das kühlende und lymphflussfördernde Rosenwasser bei geschwollenen, gereizten Augen. Dazu Wattepads mit Rosenwasser tränken und auf die geschlossenen Augenlider auflegen und 10 Minuten einwirken lassen.
Nach langem Arbeiten am PC, bei Autofahrten und Flugreisen kann das Rosenhydrolat auf die geschlossenen Lider aufgesprüht werden. Auch für Kontaktlinsenträgerinnen geeignet.

Babypflege: Als Reinigungslotion und zum Besprühen für die Babypflege, ideal zur Vorbeugung von Windeldermatitis.

Schwangerschaft: Vielfach bewährt hat sich das antimykotische Rosenhydrolat in der Schwangerschaft nach dem Besuch von Schwimmbädern.

Hitzewallungen: Rosenhydrolat erfrischt und kühlt bei Hitzewallungen. Siehe »Frauenpower« Rosenduft-Aromaspray im Kapitel »Rosen für die Gesundheit«.

Zur Pflege der reifen Haut und bei Couperose: Rosenhydrolat eignet sich in Kombination mit dem gehaltvollen Rosenserum für die regenerierende Hautpflege der reifen Haut und der empfindlichen Haut bei Couperose.

Nach dem Rasieren: Nach dem Rasieren wirkt es hautberuhigend, zusammenziehend und entzündungshemmend.

In der Sauna, nach der Sauna und nach dem Sonnenbaden: Das Rosenhydrolat kann dem Aufgusswasser in der Sauna beigemengt werden.
Aufgesprüht erfrischt es die Haut nach der Sauna und dem Sonnenbaden und belebt die Sinne.

Bei juckender Kopfhaut und bei fettigem Haar: Kopfhautabreibungen mit Rosenhydrolat beruhigen die gereizte Kopfhaut und harmonisieren die erhöhte Talgproduktion bei schnell fettendem Haar.
Unterstützend empfehle ich, die Haare mit einer Naturseife oder einem Naturshampoo sanft zu reinigen.

Rosiger Auraspray: Das Rosenhydrolat als Körper-Rundumspray stärkt uns in stressigen und dunklen Zeiten und verleiht eine strahlende rosige Aura.

Raumduft: Das Rosenhydrolat kann Räume zum Lächeln bringen, die Raumluft klären und harmonisieren.

Basisches Badesalz Rosen-Wald

Zubereitungszeit 15 Minuten, Schwierigkeit leicht

Basenbäder und basische Fußbäder verwöhnen und unterstützen die Haut in ihrer Ausscheidungsfunktion und in ihrer natürlichen Selbstregulation. Der pH-Wert von 8,5 regt die Entgiftung an und bringt die Säure-Basen-Balance auf sanfte Weise ins Gleichgewicht.

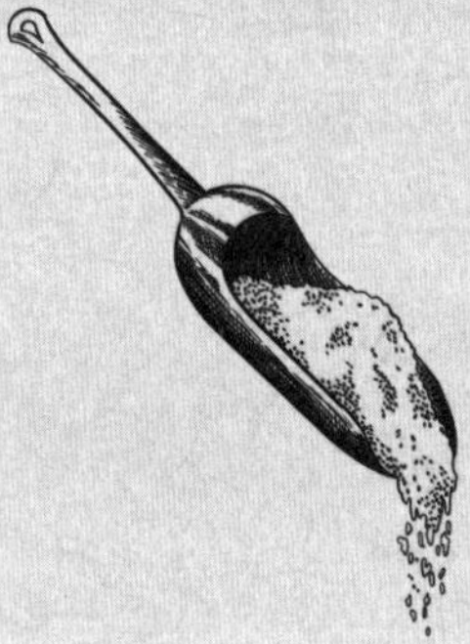

Zutaten

1 Teil grobes Meersalz
1 Teil Natron
1 Teil Rosen-Wald-Pulver
aus getrockneten Waldnadeln und Rosenblütenblättern

Zubereitung

1. Die getrockneten Waldnadeln (Fichten-, Tannen-, Lärchen-, Zirben- oder Latschen-Nadeln) im Mörser aufbrechen.
2. Die getrockneten Rosenblütenblätter dazugeben und mit den Waldnadeln zu einem feinen Pulver verreiben.
3. Das grobe Meersalz mit dem Natronpulver dazugeben und gut vermischen.
4. In ein Glas füllen. Beschriften.

Anwendung in der Naturkosmetik

Das Rosen-Wald-Badesalz entgiftet, entschlackt, entsäuert, entspannt nach einem anstrengenden Arbeitstag und hilft beim Einschlafen. Es wirkt unangenehmen Körpergerüchen entgegen, unterstützt bei rheumatischen Erkrankungen, Muskelverspannungen, Gelenk- und Muskelschmerzen, lindert Erkältungserscheinungen, wirkt wohltuend bei Müdigkeit und gleicht sanft den Säure-Basen-Haushalt aus. Es regt den Stoffwechsel an, unterstützt die Durchblutung des Bindegewebes und pflegt trockene, juckende und empfindliche Haut.

Für ein basisches Vollbad: 5 EL Rosen-Wald-Badesalz
Für ein basisches Fußbad: 1 EL Rosen-Wald-Badesalz
Für ein basisches Handbad: 2 TL Rosen-Wald-Badesalz
Badetemperatur: 36–38 °C
Badedauer: mindestens 15 Minuten, damit die Entsäuerung über die Haut wirksam wird

Empfehlung: Die Ausleitung der Säuren wird optimiert, wenn die Haut während des Bades mit einer sanften Bürstenmassage verwöhnt wird. Unterstützend kann während des Badens eine Tasse Rosentee genossen werden. Bitte keine Seife verwenden und die Haut im Anschluss nicht abduschen. Das basische Wasser abstreifen und nur die Zehen gut abtrocknen.
Danach empfehle ich, sich gut einzupacken und unbedingt ein gemütliches *Rasterle* von mindestens 1 Stunde zu genießen.

Achtung! Mindestens 1 Stunde vor oder nach dem Essen baden. Bei Krampfadern und Venenleiden, bei einer Herzerkrankung, Bluthochdruck oder Diabetes ist ein Fußbad oder ein Armbad einem Vollbad vorzuziehen.

Rosen-Schüttelemulsion

Zubereitungszeit 15 Minuten, Schwierigkeit leicht

Schüttelemulsionen zählen zu den beliebtesten Naturkosmetikprodukten der Do-it-yourself-Bewegung. Die Begründerin der »Grünen Kosmetik« Gabriela Nedoma nennt sie No-Emus, No steht für keine und Emu für Emulgatoren und andere künstliche Inhaltsstoffe.

Schüttelemulsionen bestehen aus den zwei Hauptkomponenten Öl und Wasser. Durch kräftiges Schütteln verbinden sich die Öl- und Wasseranteile für kurze Zeit und wir erhalten eine hautpflegende Emulsion.

Da auf Emulgatoren und Konservierungsmittel verzichtet wird, haben diese flüssigen »Hautcremes« nur eine begrenzte Haltbarkeit. Deshalb lohnt es sich, sie in kleinen Mengen immer wieder frisch zuzubereiten.

Zutaten

20 ml Rosenblütenmazerat in Sonnenblumenöl
(siehe Rezept auf S. 66)
5 ml Wildrosenkernöl
25 ml Rosenhydrolat
1 50-ml-Pumpfläschchen
etwas hochprozentiger Alkohol zum Desinfizieren

Vorbereitung

1. Die Arbeitsfläche, alle Arbeitsmaterialien und die Hände mit hochprozentigem Alkohol desinfizieren und trocknen lassen.
2. Das Pumpfläschchen zur Hälfte mit hochprozentigem Alkohol füllen, verschließen und gut schütteln, dann so lange pum-

pen, bis der Alkohol auch die Öffnung der Spenderflasche desinfiziert hat.

3. Dann den Alkohol entleeren und das Pumpfläschchen schließen.

Zubereitung

1. Ein Pumpfläschchen fast zur Hälfte mit dem Rosenblütenmazerat und dem Wildrosenkernöl füllen.
2. Mit dem Rosenhydrolat nicht ganz bis zum Rand aufgießen.

Haltbarkeit

1 Monat bei Zimmertemperatur

Anwendung in der Naturkosmetik

Die Rosen-Schüttelemulsion spendet Feuchtigkeit, pflegt die Haut, auch nach einem Sonnenbad, beruhigt die gereizte Haut, regeneriert, fördert die Hautelastizität und eignet sich als milde Reinigung.

Vor Gebrauch gut schütteln, die Emulsion mit den Händen verreiben und auf die Haut auftragen, etwas einklopfen und einwirken lassen.

Mein Tipp:

Diese Rosen-Schüttelemulsion eignet sich gut als milde Reinigungsmilch, um Make-up-Reste zu entfernen, und als leichte Tagespflege. Auch zur Intimpflege und zur Babypflege ist diese sanfte Zubereitung bestens geeignet.

Wildrosenlotion

Zubereitungszeit 60 Minuten, Schwierigkeit mittel

Die Wildrosenlotion vereint die Kraft der Rosenblüten, des Hagebuttenpulvers und des Rosenhydrolates in sich. Ein Tropfen ätherisches Rosenöl rundet die Zubereitung ab und verstärkt die Wirkkraft.
Im Gegensatz zur Rosen-Schüttelemulsion ist diese Lotion gehaltvoller, als Emulsion, stabiler und hält etwas länger. Die Inspiration für dieses Rezept stammt ebenso von Gabriela Nedoma.

Zutaten
10 g getrocknete Rosenblütenblätter (Rose Rotes Meer)
10 g Hagebuttenpulver
50 g Alkohol 40 %
70 g Rosenhydrolat
150 g Sonnenblumenöl
2 g Bienenwachs
1 Tropfen ätherisches Rosenöl
1 50-ml-Pumpfläschchen
etwas hochprozentiger Alkohol zum Desinfizieren

Vorbereitung
1. Die Arbeitsfläche, alle Arbeitsmaterialien und die Hände mit hochprozentigem Alkohol desinfizieren und trocknen lassen.
2. Das Pumpfläschchen öffnen, zur Hälfte mit hochprozentigem Alkohol füllen, verschließen und gut schütteln, dann so lange pumpen, bis der Alkohol das Röhrchen und die Öffnung der Pumpflasche desinfiziert hat.
3. Dann den Alkohol entleeren und das Fläschchen schließen.

Zubereitung

1. Die Rosenblütenblätter im Mörser pulverisieren und mit dem Hagebuttenpulver in einen Topf geben.
2. Mit dem Alkohol und einem Teil des Rosenhydrolates verrühren, sodass eine dickflüssige Masse entsteht.
3. Das Öl und das Bienenwachs hinzufügen und unter Rühren so lange erwärmen, bis das Bienenwachs geschmolzen ist. Dann die Temperatur reduzieren und noch ½ Stunde ziehen lassen.
4. Das Mazerat abseihen und noch einmal durch eine doppelte Gaze filtern, damit möglichst viele Schwebstoffe entfernt werden.
5. Das Pumpfläschchen fast zur Hälfte mit dem Mazerat füllen, mit dem Rosenhydrolat nicht ganz bis zum Rand aufgießen.
6. So lange kräftig schütteln, bis sich die zwei Phasen verbunden haben und die Lotion abgekühlt ist.
7. Dann 1 Tropfen ätherisches Rosenöl beifügen und noch einmal kräftig schütteln.

Haltbarkeit

1 Monat

Anwendung in der Naturkosmetik

Die Wildrosenlotion eignet sich als nährende Gesichtspflege, spendet Feuchtigkeit, pflegt die reife und anspruchsvolle Haut, wirkt regenerierend, entzündungshemmend, wundheilend und antioxidativ.

Diese reichhaltige Wildrosenlotion morgens und abends nach der Reinigung auf die Haut auftragen und sanft einklopfen.

Lippenpflege Rose-Melisse

Zubereitungszeit 15 Minuten, Schwierigkeit leicht

In Lippenstifthülsen gefüllt, übertrifft dieser Lippenbalsam mit Rose und Melisse fast jedes käufliche Produkt und steht ihm auch im Anwendungskomfort in nichts nach.
Da der Balsam kein Paraffin enthält, macht er die Lippen nicht »süchtig« nach einem Lippenpflegestift und somit nicht abhängig.

Zutaten
4 g Bienenwachs
20 g Melissen-Rosen-Mazerat in Mandelöl
10 g Kakaobutter
2 Tropfen ätherisches Rosengeranienöl
etwas hochprozentiger Alkohol zum Desinfizieren
einige Lippenstifthülsen

Vorbereitung
Das Melissen-Rosen-Mazerat wird nach demselben Rezept wie das Rosenblütenmazerat auf S. 66 hergestellt, zusätzlich zu den Rosenblütenblättern verwende ich 1 Handvoll angetrocknete Zitronenmelissenblätter.

Zubereitung
1. Die Arbeitsfläche, alle Arbeitsmaterialien, die Lippenstifthülsen und die Hände mit hochprozentigem Alkohol desinfizieren und trocknen lassen.
2. Das Bienenwachs in ein Becherglas geben und im Wasserbad schmelzen.

3. Das Melissen-Rosen-Mazerat unter Rühren dazugeben, bis eine klare Schmelze entsteht.
4. Das Glas von der Herdplatte ziehen und abkühlen lassen.
5. Die Kakaobutter in der Restwärme unter Rühren schmelzen.
6. Mit einem Spatel so lange rühren, bis die Masse auf Handwärme abgekühlt ist.
7. Das ätherische Rosenöl dazugeben und in Lippenstifthülsen füllen.
8. Diese vollständig auskühlen lassen, verschließen und etikettieren.

Haltbarkeit

6 Monate

Anwendung in der Naturkosmetik

Die Rose-Melisse-Lippenpflege ist ideal für spröde und rissige Lippen und wirkt vorbeugend bei Neigung zu Lippenherpes.

Zur Lippenpflege bei Wind, Wetter und trockener Heizungsluft. Dieser Lippenpflegestift kann im Winter wunderbar zur Behandlung von »Schnupfennasen« und anderen trockenen, gereizten Hautpartien verwendet werden.

Mein Tipp:

Wer auf Lippenstifthülsen aus Plastik verzichten möchte, kann den Balsam in kleine Holz- oder Glasdöschen füllen.

Wildrosenbalsam

Auszugszeit 6 Stunden, Zubereitungszeit 30 Minuten, Schwierigkeit leicht

Dieser Wildrosenbalsam enthält als Wirkstoff das fette Öl aus den Hagebuttensamen, das Wildrosenkernöl, auch Rosa-Mosqueta-Öl genannt.
Es ist besonders reich an hautregenerierenden ungesättigten Fettsäuren wie der Gamma-Linolensäure sowie der Stearin- und Palmitinsäure und enthält das Haut-Vitamin A.

Zutaten
4 g Bienenwachs
30 ml Wildrosenblütenmazerat
10 g Kakaobutter
10 ml Wildrosenkernöl (Rosa-Mosqueta-Öl)
3 Tropfen ätherisches Rosenöl
etwas hochprozentiger Alkohol zum Desinfizieren

Zubereitung

1. Das Wildrosenblütenmazerat wird nach demselben Rezept wie das Rosenblütenmazerat auf S. 66 hergestellt, statt der Rosenblütenblätter verwende ich die zart duftenden Blütenblätter der Wildrose.
2. Die Arbeitsfläche und alle Arbeitsmaterialien mit hochprozentigem Alkohol besprühen.
3. Das Bienenwachs im Wasserbad unter Rühren auf ca. 62 °C erwärmen, bis das Wachs geschmolzen ist.
4. Das Wildrosenblütenmazerat dazugeben, umrühren und das Becherglas aus dem Wasserbad nehmen.

5. Etwas abkühlen lassen, die Kakaobutter hinzufügen und diese in der Restwärme unter Rühren aufschmelzen.
6. Den Balsam mit einem Spatel handwarm rühren, dann das Rosa-Mosqueta-Öl und das ätherische Rosenöl hinzufügen. Weiterrühren, bis der Balsam eine geschmeidige, cremige Konsistenz hat.
7. Randvoll in Glastiegel füllen und vollständig auskühlen lassen.
8. Dann erst verschließen und beschriften.

Haltbarkeit
3 Monate

Anwendung in der Naturkosmetik
Der Wildrosenbalsam fördert die Hautregeneration, pflegt die reife Haut, beruhigt irritierte, trockene und schuppige Haut, macht die Haut weich und geschmeidig, unterstützt das Abheilen von oberflächlichen Wunden, hilft bei Akne und Ekzemen, unterstützt die Narbenpflege und beugt Dehnungsstreifen vor. Er wirkt als Seelen- und Herzbalsam.

Dieser kostbare Wildrosenbalsam wird hauchdünn auf die feuchte Haut aufgetragen.

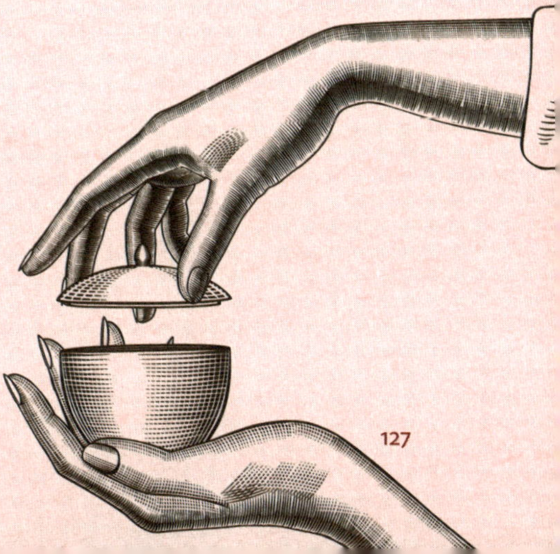

Creme-Parfum »Rosengarten«

Zubereitungszeit 10 Minuten, Schwierigkeit leicht

Creme-Parfums brauchen etwas Zeit, bis sich der Duft richtig entfaltet, dafür halten sie ihn länger als ein Duftspray.
Vorab ist eine Zusammenstellung der Düfte von Vorteil, um diese als Ganzes zu beurteilen und die Komposition den persönlichen Vorstellungen und Vorlieben anzupassen.

Mein Tipp:
Ich achte bei meinen Mischungen auf die bewährte 1-2-3-Regel einer Duftkomposition:
1 Teil einer Basisnote, 2 Teile der Herznote und 3 Teile der Kopfnote. Die Basisnote besteht aus lang anhaltenden und eher schweren Duftkomponenten. Dazu gehören unter anderem die ätherischen Öle Benzoe Siam, Vetiver und Rosenholz. Die Herznote bildet das Herzstück der Duftkomposition mit starken, blumigen Düften. Dazu gehören unter anderem die ätherischen Öle Rose, Lavendel und Neroli.
Die Kopfnote nehmen wir als erste wahr und sie verflüchtigt sich auch als erste. Dazu gehören vor allem die Zitrusdüfte wie die ätherischen Öle Bergamotte, Grapefruit und Litsea. Mischungen können auch nach persönlichen Vorlieben zusammengestellt werden.

Vorbereitung *(für die ätherische Ölmischung »Rosengarten«)*
Basisnote: 4 Tropfen Rosenholzöl Aniba rosaeodora
Herznote: 8 Tropfen Rosenöl Rosa damascena
Kopfnote: 12 Tropfen Bergamotteöl Citrus bergamia

Zutaten
20 g Jojobaöl
5 g Rosenwachs
10 g Kakaobutter
24 Tropfen ätherische Ölmischung »Rosengarten«
etwas hochprozentiger Alkohol zum Desinfizieren

ROSENWACHS

Rosenwachs mit der INCI-Bezeichnung Rosa Damascena Flower Cera ist eine Kostbarkeit, die sich besonders gut für die Einarbeitung in eine Rosen-Parfum-Creme eignet und ihr einen Hauch von Luxus und Exklusivität verleiht.

Rosenblütenblätter sind von einer hauchdünnen Wachsschicht umgeben, die sie vor dem Austrocknen schützt. Im Rosenhydrolat, das ich in der Kupferdestille herstelle, beobachte ich manchmal einen Hauch von weißen Rosenwachspartikeln. Das Rosenwachs im Handel entsteht als Nebenprodukt bei der Herstellung von Rose Absolue mittels Lösungsmittelextraktion der frischen Duftrosenblüten.

Das Rosenwachs betört die Sinne mit einem dezenten Rosenduft, der wie ein zarter Film auf der Haut bleibt.

Anstelle des kostbaren Rosenwachses kann als Konsistenzgeber auch Bienenwachs verwendet werden. Rosenwachs schmilzt bei einer Temperatur ab 45 °C, Bienenwachs braucht dazu etwas höhere Temperaturen.

Zubereitung

1. Den Arbeitsplatz und alle Arbeitsmaterialien mit hochprozentigem Alkohol desinfizieren.
2. Das Rosenwachs mit dem Jojobaöl in einem kleinen Becherglas im Wasserbad zum Schmelzen bringen.
3. Das Glas aus dem Wasserbad nehmen und die Kakaobutter in der Restwärme schmelzen.
4. Mit einem kleinen Spatel handwarm rühren.
5. Die ätherische Ölmischung tropfenweise unterrühren und den fertigen Duftbalsam in kleine Glasdöschen abfüllen.

Mein Tipp:
Den Duftbalsam stelle ich eine Nacht lang in den Kühlschrank, damit sich die Kakaobutter verdichtet und sich die Konsistenz des Creme-Parfums festigt.

Haltbarkeit
6 Monate

Anwendung in der Naturkosmetik
Der sinnlich-blumige Duft mit der frischen Note wirkt ausgleichend, entspannend, beruhigend und erotisierend.

Das Creme-Parfum hinterm Ohr, auf den Handgelenken und auf das Dekolleté auftragen und den Duft genießen.

Mein Tipp: Öl-Parfum »Rosengarten«
Mit der ätherischen Ölmischung »Rosengarten« lässt sich ganz einfach ein Öl-Parfum zaubern. Dieses könnt ihr überall mitnehmen, es passt in jede noch so kleine Handtasche.
Dafür 12 Tropfen der ätherischen Ölmischung »Rosengarten« in einen kleinen 5-ml-Roll-on tropfen und mit Jojobaöl auffüllen. Für Naturparfums verwende ich gerne Jojobaöl, da es duftneutral ist und nicht ranzig wird.

EXKURS: GRUNDWISSEN DEOS

Tagtäglich benutzen die meisten von uns ein Deo, ob als Spray, als Roll-on, als feste Deo-Creme, als nachhaltiges Deo am Stück oder als Deo-Puder.

Die Achselhöhlen sind wichtige Zentren des Lymphsystems. Deos werden dort aufgenommen und wandern durch den Körper, wo sie synergetische Verbindungen mit Eiweißmolekülen eingehen und unter bestimmten Voraussetzungen über längere Zeit unserer Gesundheit mehr schaden als nützen können.

Weil mir dieses Thema so am Herzen liegt, stelle ich euch einfache Deos zum Selbermachen mit unterschiedlichen Texturen vor, sodass für jede und jeden etwas dabei ist. Unter den ätherischen Ölen, mit denen ich meine Naturkosmetik und meine Seifen bedufte, nehmen Rosenöl und Rosengeranienöl einen prominenten Platz ein. Sie umhüllen mich mit einem dezenten rosigen Duft, der die Stimmung erhellt, stärkt und harmonisiert.

Das kostbare ätherische Rosenöl und das ätherische Rosengeranienöl sind in der richtigen Dosierung hautfreundlich und auch bei empfindlicher Haut gut verträglich. Rosenduft kann allein verwendet werden oder mit verschiedenen Düften – ganz nach persönlicher Vorliebe – kombiniert werden.

Kinder und empfindsame Personen können sich mit dem dezenten Duft des Rosenhydrolates oder einem Rosenblütenmazerat verwöhnen.

Deopuder »Rosenschön«

Zubereitungszeit 30 Minuten, Schwierigkeit leicht

Für Puristen habe ich einen feinen Rosen-Deopuder zusammengestellt, der die Entgiftung unterstützt und Schweißgeruch neutralisiert.

Zutaten
20 g weiße Tonerde
20 g Maisstärke
5 g Veilchenwurzelpulver
5 g Natron
5 g Rosenpulver
5 g Salbeipulver
2 Tropfen ätherisches Rosenöl
2 Tropfen ätherisches Weihrauchöl
etwas hochprozentiger Alkohol zum Desinfizieren

Veilchenwurzelpulver oder **Iriswurzelpulver** mit der INCI-Bezeichnung *Iris germanica root plv.* eignet sich als Fixateur von ätherischen Ölen. Es löst sich in Wasser, Alkohol und in Glyzerin. Ich verwende es, um den flüchtigen Duft in Seifen, Kräuterkissen und Potpourris etwas länger zu halten.
Weißer Lehm oder **weiße Tonerde** oder **Bolus alba** mit der INCI-Bezeichnung Kaolin ist ein Sedimentgestein, das sich nach der Abtragung von kieselsäurehaltigen Steinen bildet. Das weiße bis grauweiße Pulver wird als natürlicher Babypuder, in Zahncremes und Gesichtsmasken für unreine Haut verwendet.

Zubereitung

1. Die Arbeitsfläche und alle Arbeitsmaterialien mit hochprozentigem Alkohol besprühen und trocknen lassen.
2. Tonerde, Maisstärke, Veilchenwurzelpulver und Natron miteinander vermischen.
3. Rosenpulver und Salbeipulver durch ein Sieb streichen.
4. Alle Pulver in ein Glas füllen und miteinander verschütteln.
5. Einen Teil des Pulvergemisches in einen Mörser geben und ganz fein verreiben. Anschließend durch ein feines Sieb streichen. Mit dem restlichen Pulvergemisch die Verreibung wiederholen.
6. Die ätherischen Öle in ein schönes Gefäß tropfen und dieses so lange schwenken, bis die Innenseite damit benetzt ist, dann das Pulver einfüllen, gut verschütteln und etikettieren.

Haltbarkeit

1 Monat

Anwendung in der Naturkosmetik

Dieser Deopuder neutralisiert, unterstützt die Entgiftung und wirkt leicht antibakteriell.

Mit einer Puderquaste oder einem großen Pinsel dünn auf die saubere Haut auftragen.

Mein Tipp: Fester Deopuder

Ich fülle mir eine kleine Menge des Pulvers in ein Puderdöschen, besprühe es mit Rosentinktur, gebe ein saugfähiges Papier darüber und presse das Ganze in die Form.

Danach entferne ich das Papier und lasse das Döschen geöffnet für 24 Stunden trocknen.

Den duftenden, festen Deopuder entnehme ich mit einem trockenen kleinen Puderschwämmchen.

Kräuter-Zahngel
Rose, Salbei, Minze, Zitrone

Zubereitungszeit 30 Minuten,
Schwierigkeit schwer, da aufwendig

Die Herstellung dieses Kräuter-Zahngels ist etwas aufwendig, dafür hinterlässt es ein gutes Gefühl, da wir wissen, welche Inhaltsstoffe wir verwenden (kein Mikroplastik, Fluor, keine Tenside, Konservierungsmittel).
Das Zahngel ist sehr ergiebig und damit nachhaltig und kann es – von der Handhabung her – mit jeder gekauften Zahnpasta aufnehmen.

Zutaten
30 g Bio-Glyzerin 99 %
0,5 g Xanthan transparent
30 ml Rosenhydrolat
30 g Xylit
4 g Kieselsäure
2 g Salbei-Frischpflanzenextrakt
2 g Alkohol 60 %
5 Tropfen ätherisches Myrrheöl
5 Tropfen ätherisches Pfefferminzöl
5 Tropfen ätherisches Zitronenöl
etwas hochprozentiger Alkohol zum Desinfizieren
2 30-ml-Pumpfläschchen
1 Schutzmaske

Xylit mit der INCI-Bezeichnung Xylitol ist ein natürlicher Zuckeralkohol, der im Gemüse und in Früchten sowie in der Rinde von verschiedenen Hölzern vorkommt. Er hat eine ähnliche Süßkraft wie Zucker, ist jedoch kalorienarm und wirkt gegen Karies, da er das Anheften der Plaque-Bakterien auf der Zahnoberfläche verhindert.
Kieselsäure mit der INCI-Bezeichnung Silica ist ein leichtes, weißes Pulver, das als Gel-Bildner und als Putzkörper in Zahngels eingesetzt wird.
Der **Salbei-Frischpflanzenextrakt** lässt sich mit einem Stabmixer leicht herstellen. Dazu die frischen Salbeiblätter vor der Blüte ernten und mit einem Keramikmesser klein schneiden. Den Salbei mit dem Alkohol in ein Becherglas füllen. Mit dem Stabmixer so lange mixen, bis der Salbei fein püriert ist. Die Salbeilösung durch ein Sieb, dann durch eine doppelte Gaze filtern und diesen Vorgang noch zwei Mal wiederholen. Abschließend durch einen Kaffeefilter filtern.

Zubereitung

1. Die Arbeitsfläche, alle Arbeitsmaterialien, Pumpflaschen und Hände mit hochprozentigem Alkohol desinfizieren und trocknen lassen.
2. Das Glyzerin in ein Becherglas füllen, das Xanthan einstreuen und kräftig verrühren.
3. Das Rosenhydrolat dazugeben und gut vermischen.
4. Das Xylit dazugeben und gut vermengen.
5. Dann die Kieselsäure vorsichtig unter das Gel mischen. Dabei eine Schutzmaske tragen, denn die Kieselsäure ist sehr fein und könnte eingeatmet werden.
6. Dann alles kräftig verrühren.
7. Nun den Salbei-Frischpflanzenextrakt beimengen, die ätherischen Öle dazugeben und alles gut verrühren.
8. Das fertige Gel in die Pumpfläschchen füllen, den Pumpaufsatz aufsetzen und noch einmal kräftig schütteln.
9. Etikettieren.

Haltbarkeit
3 Monate

Anwendung in der Naturkosmetik
Dieses Kräuter-Zahngel reinigt die Zähne sanft und gründlich, ohne zu schäumen. Es hinterlässt ein frisches Gefühl, pflegt und festigt das Zahnfleisch, wirkt antibakteriell und entzündungshemmend.

Die Zahnbürste anfeuchten.
Mit der Pumpflasche eine kleine Menge des Kräuter-Zahngels auf die Zahnbürste auftragen.

Mein Tipp:
Ohne ätherisches Pfefferminzöl kann dieses Zahngel auch im Rahmen von homöopathischen Behandlungen verwendet werden.

Rosengeranien-Hydrogel

Zubereitungszeit 90 Minuten, Schwierigkeit mittel

Das Rosengeranien-Hydrogel sorgt für eine Extraportion Feuchtigkeit und ergibt in Kombination mit dem Rosenserum eine luxuriöse Verwöhn-Behandlung für die Haut.

Zutaten

10 ml pflanzliches Bio-Glyzerin 99 %
1–2 Msp. Xanthan transparent
1 Tropfen ätherisches Rosenöl
9 Tropfen ätherisches Rosengeranienöl
40 ml Rosenhydrolat
1 50-ml-Gel-Pumpfläschchen
etwas hochprozentiger Alkohol zum Desinfizieren

Xanthan transparent mit der INCI-Bezeichnung Xanthan Gum ist ein hautfreundlicher Gel-Bildner, der sich sowohl in warmem als auch in kaltem Wasser gut löst. Das weißliche Pulver wird durch Fermentation einer zuckerhaltigen Basis mittels natürlicher Mikroorganismen (Xanthomonas campestris) hergestellt.

Zubereitung

1. Die Arbeitsfläche, alle Arbeitsmaterialien, Gel-Pumpfläschchen und Hände mit hochprozentigem Alkohol desinfizieren und trocknen lassen.
2. Das Gel-Pumpfläschchen mit dem Glyzerin füllen.
3. Xanthan auf das Glyzerin streuen und mit einem dünnen Glasstab gut verrühren oder kräftig schütteln.

4. Die ätherischen Öle dazugeben und mit dem Rosenhydrolat auffüllen.
5. Mit dem Pumpaufsatz verschließen und kräftig schütteln.
6. Etikettieren.

Haltbarkeit

3 Monate

Anwendung in der Naturkosmetik

Das Rosengeranien-Hydrogel spendet Feuchtigkeit, beruhigt, strafft und regeneriert die Haut, wirkt abschwellend und kühlend, hilft beim Entstauen und regt den Lymphfluss an.

Morgens und abends als Feuchtigkeitspflege unter dem Rosenserum auftragen.

Bei geschwollenen Augen als Augengel verwenden.

Erfrischt müde, schwere Beine, beruhigt die Haut nach Insektenstichen und bei einem Sonnenbrand.

Als kühlende After-Sun-Pflege im Sommer nach dem Sonnenbad.

Mein Tipp:

Dieses Rosengeranien-Hydrogel ist ein Geheimtipp für eine erfrischende und feuchtigkeitsspendende Anti-Aging-Packung. Dafür wird das Gel großzügig auf das Gesicht aufgetragen. 5 Minuten lang einwirken lassen, und danach könnt ihr in die noch feuchte Haut das Rosenserum (siehe Rezept auf S. 141) einklopfen.

Hagebuttenpackung »Rosenkuss«

Zubereitungszeit 10 Minuten, Schwierigkeit leicht

Mit Rosen in all ihren Formen und Zutaten aus der Küche stelle ich feuchtigkeitsspendende, regenerierende Packungen und reinigende Masken her. Sie enthalten keine Emulgatoren, Konservierungsmittel und sonstige chemische Zusätze, sind umweltfreundlich und preiswert – im wahrsten Sinne des Wortes.
Für jeden Hauttyp geeignet, vor allem für die reife Haut.

Zutaten
1 EL Hagebuttenmus (Zubereitung auf S. 169)
1 TL Wildrosenkernöl

Zubereitung
Das Hagebuttenmus mit dem Wildrosenkernöl verrühren.

Haltbarkeit
Diese Hagebuttenpackung wird frisch zubereitet. Das Hagebuttenmus kann in kleinen Gläschen eingefroren und bei Bedarf verwendet werden.

Anwendung in der Naturkosmetik
Eine Hagebuttenpackung hat antioxidative Wirkungen, spendet Feuchtigkeit, regt die Zellerneuerung an und nährt und pflegt die Haut.

Auf das gereinigte Gesicht mit einem breiten Pinsel großzügig auftragen, dabei die Augen und den Mund aussparen. Die Packung einwirken lassen und danach mit einem feuchten, warmen Handtuch abnehmen.
Die Haut mit Rosenhydrolat besprühen.

Rosenserum

Zubereitungszeit 10 Minuten, Schwierigkeit leicht

Mit einer Rosenserum-Behandlung und liebevoller Zuwendung schützen wir unsere Haut vor Umwelteinflüssen und pflegen darüber hinaus unsere Seele.

Zutaten
10 ml Rosenblütenmazerat
10 ml Hagebuttenkernöl
10 ml Granatapfelsamenöl
3 Tropfen Sanddorn-Fruchtfleischöl
2 Tropfen ätherisches Rosenöl
1 Tropfen ätherisches Weihrauchöl
etwas Immortellenhydrolat

Mein Tipp:
Wer den Curry-Duft des Immortellenhydrolates nicht mag, kann stattdessen ein Rosenhydrolat verwenden.

Zubereitung
1. Das Rosenblütenmazerat mit den beiden Wirkstoffölen in ein 30-ml-Pipetten-Fläschchen füllen und gut vermischen.
2. Das Sanddorn-Fruchtfleischöl und die ätherischen Öle dazugeben und kräftig schütteln.

Haltbarkeit
2 Monate

Anwendung in der Naturkosmetik

Dieses Rosenserum schützt vor Umwelteinflüssen, pflegt besonders die reife Haut, unterstützt die Hautregeneration, fördert die Zell-Neubildung, aktiviert die Collagenbildung, besitzt antioxidative und tonisierende Eigenschaften und wirkt abschwellend.

Einige Tropfen Rosenserum in die Handfläche geben und mit zwei Sprühstößen Immortellenhydrolat vermischen.
Auf das gereinigte Gesicht, den Hals, das Dekolleté sowie die Hände und Arme auftragen.

Mein Tipp:

Das Immortellenhydrolat in Kombination mit dem Rosenserum ergibt ein reichhaltiges und feuchtigkeitsspendendes Luxus-Pflegeprodukt und gilt als mein Geheimtipp für eine strahlend gepflegte reife Haut.

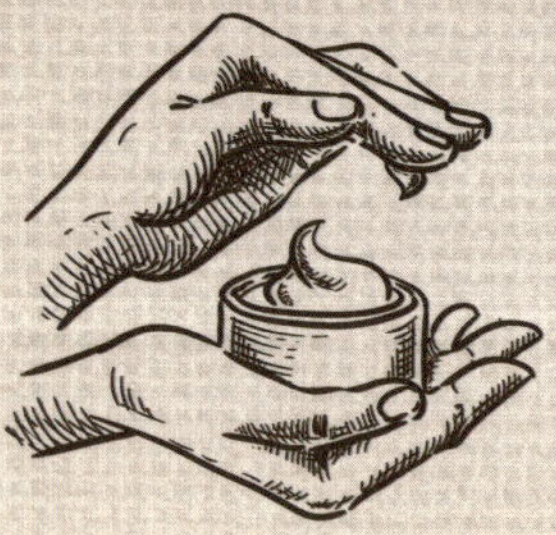

Mein Tipp: Rosenbasics
Die folgenden Basics Rosensalz, -pfeffer, -puder, -honig, -essig und -butter lassen sich in der Küche vielfältig verwenden.
Die Kraft der Rose verzaubert jedes Gericht und erinnert uns das Jahr über an die Fülle des Sommers.

Rosensalz

Zubereitungszeit 10 Minuten, Trockenzeit 3 Stunden, Schwierigkeit leicht

Frische dunkelrote duftende Rosenblütenblätter verwandeln gutes Meersalz in eine kleine Kostbarkeit.

Zutaten
1 Teil frische Rosenblütenblätter
1 Teil gutes Meersalz aus dem Bioladen, ohne Rieselhilfe und ohne Zusätze wie Jod und Fluor

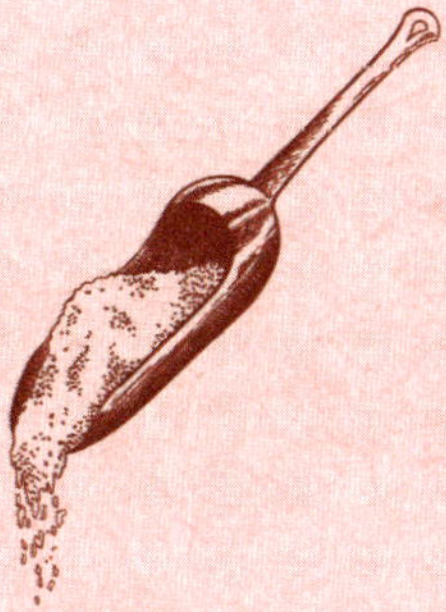

Zubereitung

1. Rosenblütenblätter mit einem Keramikmesser klein schneiden.
2. Mit etwas Salz im Mörser zu einem Brei verreiben, dann weiteres Salz nach Belieben hinzufügen.
3. Die feuchte Masse gut trocknen lassen, entweder im Backofen bei 50 °C (mithilfe eines hölzernen Kochlöffels die Tür einen Spalt breit offen lassen) oder im Dörrapparat bei 40 °C.
4. Danach das Rosensalz noch einmal zerkleinern und mit dem Mörser bis zur gewünschten Körnung zerstoßen.
5. In kleine luftdichte Gläser abfüllen.

Verwendung

Ich liebe es mit Mozzarella, im Kräuterquark, in Rosenbutter, in Salaten, zu Kartoffeln und Gemüsegerichten, zu Fisch, Fleisch und Wildgerichten.
Ein Hauch vom Rosensalz vollendet ein Schokoladendessert.

Mein Tipp:

Es können auch getrocknete Rosenblütenblätter mit Salz vermischt werden. Wenn wir frische Blütenblätter zu Salz verarbeiten, erhalten wir ein duftendes, rotes Rosensalz. Mit der Zeit verblasst zwar die Farbe, aber das Aroma bleibt konserviert.

Rosenpfeffer

Zubereitungszeit 5 Minuten, Schwierigkeit leicht

Salz und Pfeffer verwenden wir täglich als Gewürze. Dieser Rosenpfeffer harmoniert besonders gut mit Früchten und Desserts.

Zutaten
1 Teil getrocknete dunkelrote duftende Rosenblütenblätter
1 Teil roter (oder schwarzer) Pfeffer

Roter Pfeffer kann wie schwarzer Pfeffer verwendet werden. Er bleibt länger am Pfefferstrauch als der schwarze Pfeffer, bis er ausgereift und von Hand geerntet wird. Er schmeckt nicht nur scharf, sondern auch etwas süßlich.

Zubereitung
1. Die Rosenblütenblätter mit der Hand etwas zerreiben.
2. Mit den ganzen Pfefferkörnern vermischen und in ein gut verschließbares Glas füllen.

Verwendung
Zum Würzen von Käse, Gemüsegerichten, Nudeln, Risotto und Fleisch, interessant mit Erdbeeren, Himbeeren, auf Eis und in Schokolade.

Mein Tipp:
Den Rosenpfeffer kurz vor dem Gebrauch mit einem Mörser zerstoßen oder mit einer Gewürzmühle zerkleinern.

Rosenpuder

Zubereitungszeit 10 Minuten, Trockenzeit 3–12 Stunden, Schwierigkeit leicht

Rosenpuder aus duftenden dunkelroten Rosenblütenblättern ist DIE Basiszubereitung für die Rosenküche. Dieser feine Duftpuder lässt sich vielfältig verwenden und im Handumdrehen können damit Speisen aromatisiert werden.

Zutaten

getrocknete dunkelrote duftende Rosenblütenblätter

Zubereitung

1. Eine kleine Menge der getrockneten Rosenblütenblätter in einem Mörser zerreiben und das Pulver durch ein Sieb streichen.
2. Dieser Vorgang kann in einem Standmixer beschleunigt werden, das Ergebnis ist meiner Meinung nach fast dasselbe. Ich bevorzuge das Zerreiben mit dem Pistill im Mörser, es ist für mich ein sinnliches Erlebnis und ich genieße diese Zubereitung.
3. Den feinen Rosenpuder fülle ich in ein gut schließbares Schraubglas und stelle es für 24 Stunden ins Tiefkühlfach, um einem Mottenbefall vorzubeugen.

Verwendung

Dieser Rosenpuder verfeinert Desserts und Kuchen.

Meine Tipps:

Auch rosa, gelbe und weiße Duftrosen verarbeite ich gerne zu Rosenpuder. Abwechselnd mit dem dunkelroten Puder in ein Reagenzglas geschichtet, ergibt dies ein **farbenfrohes und duftendes kleines Mitbringsel.**

Der **Rosenduft** *kann mit einem einfachen Trick* **verstärkt** *werden. Dazu ein Schraubglas mit 1 Tropfen ätherischem Rosenöl oder dem günstigeren Rosengeranienöl benetzen. Das Glas drehen, sodass das ätherische Öl das Glas benetzt. Den Rosenpuder einfüllen, das Glas mehrmals schütteln und den Puder in diesem duftenden Glas etwas reifen lassen.*

Rosenhonig und Rosenzucker

Zubereitungszeit 5 Minuten, Schwierigkeit leicht

Rosenpuder ist die Basiszubereitung für Rosenhonig und Rosenzucker, mit dem ich Kuchen und Desserts bestäube oder Süßspeisen aromatisiere.

Zutaten
100 g Honig oder Zucker bzw. ein Zuckerersatz
1 ganzes Mark einer halben Vanilleschote
3 TL Rosenpuder (siehe Rezept auf S. 146)

Anstatt Zucker bevorzuge ich den **Zuckerersatz Erythrit.**
Dieser in Früchten und fermentierten Lebensmitteln vorkommende Zuckeralkohol schmeckt weniger süß als Zucker, dafür hat er das Volumen und die Konsistenz von Zucker. Im Gegensatz zum Zucker weist Erythrit einen niedrigeren glykämischen Index auf und gilt als zahnfreundlich, da er nicht die Bakterien im Mund füttert.

Zubereitung

1. Rosenzucker: Den Honig bzw. Zucker oder Zuckerersatz mit dem Vanillemark im Mörser verreiben.
2. Rosenpuder dazugeben und gut vermischen.
3. Alternativ könnt ihr frische Rosenblütenblätter klein schneiden, im Mörser mit dem Zucker bzw. dem Honig oder Zuckerersatz verreiben und dann die Paste gut trocknen lassen.
4. In ein Schraubglas füllen und trocken lagern.

Mein Tipp:
Der fertige Rosenzucker kann zusätzlich mit 3 Tropfen ätherischem Rosenöl 10 % oder mit ätherischem Rosengeranienöl aromatisiert werden.

Rosenhonig: Den Rosenpuder mit dem Mark einer halben Vanilleschote im Mörser fein verreiben.
Den Honig untermischen.
In ein Schraubglas füllen und trocken lagern.

Mein Tipp:
Schnell hergestellt ist die Rosenhonigvariante mit ätherischem Öl. Dazu einige Tropfen ätherisches Rosenöl 10 % in ein Glas träufeln, dieses einige Male drehen, sodass das ätherische Öl das Glas gut benetzt. Dann mit Honig auffüllen.

Genussmittel und Heilmittel fließen seit jeher ineinander.
In der Volksmedizin wird Rosenhonig als Rosenmedizin verwendet, um das Herz und die Nerven zu stärken.

Rosenessig

Zubereitungszeit 15 Minuten, Schwierigkeit leicht

Mit Rosen verfeinert, wird aus einem einfachen Apfelessig ein Rosenessig für Genießer.

Zutaten
3 Handvoll frische Duftrosenblütenblätter
500 ml naturtrüber Bio-Apfelsaft

Zubereitung

1. Die Duftrosenblütenblätter mit einem Keramikmesser zerkleinern und in ein sauberes Glas füllen.
2. Den Apfelessig über die zerkleinerten Blütenblätter gießen.
3. Das Glas verschließen und gut schütteln.
4. Mit Datum und Inhalt beschriften und in der Küche 1 Woche lang stehen lassen. Täglich schütteln.
5. Nach 1 Woche abseihen und diesen ersten Ansatz noch einmal mit frischen Duftrosenblütenblättern 1 Woche lang ansetzen. Täglich schütteln.
6. Dann abseihen, in eine Flasche füllen und beschriften.

Verwendung
Für Salate und zum Verfeinern von Speisen

Rosenbutter

Zubereitungszeit 30 Minuten (pikant) bis 4½ Stunden (süße Variante), Schwierigkeit leicht

Rosenbutter süß oder pikant ist eine köstliche Augenweide bei jedem Brunch.

***Zutaten** (süße Rosenbutter)*
1 Handvoll frische rote Rosenblütenblätter
1 Handvoll getrocknete kleine Rosenblütenblätter
etwas Apfel- oder Agavendicksaft
250 g weiche Joghurtbutter
1 EL Rosenhydrolat
1 Prise Kardamom
1 Prise Kurkuma
1 Prise Salz
Mark einer halben Vanilleschote

Zubereitung

1. Die Blütenblätter mit einem Keramikmesser fein zerschneiden, in Apfel- oder Agavendicksaft legen und 3 Stunden ziehen lassen.
2. Die weiche Butter mit den eingelegten Rosenblütenblättern, dem Rosenhydrolat, den Gewürzen und dem Vanillemark schaumig rühren.
3. Eine Rolle formen, in Butterbrotpapier einwickeln und im Kühlschrank 1 Stunde erkalten lassen.
4. Die getrockneten kleinen Rosenblütenblätter mit der Hand etwas zerkleinern und die Butterrolle darin wälzen.
5. Über Nacht im Kühlschrank durchziehen lassen.

Verwendung
Zu frischem Hefezopf oder Brioches.

Mein Tipp:
Für diese Zubereitung bevorzuge ich die kleinen duftenden Rosenblütenblätter der Rose de Resht.

Zutaten *(pikante Rosenbutter)*
1 Handvoll frische rote Rosenblütenblätter
250 g Joghurtbutter
nach Belieben Rosensalz
7 Tropfen ätherisches Rosenöl 10 %

Zubereitung
1. Die Blütenblätter mit einem Keramikmesser fein schneiden.
2. Die Butter schaumig rühren, mit dem Rosensalz würzen und das ätherische Rosenöl dazuträufeln.
3. Die Blütenblätter unter die Buttermasse heben.
4. In kleine Silikonförmchen füllen und im Kühlschrank gut auskühlen lassen.
5. Vor dem Servieren mit frischen oder getrockneten Blütenblättern dekorieren.

Verwendung
Zu frischem Brot, zu Käse, für Gemüsegerichte, Reis, Quinoa, Nudeln, Fleisch.

Für schnelle Rosenbutterkugeln die Buttermasse auf ein Brett streichen und 15 Minuten in den Kühlschrank stellen, danach mit einem Melonenausstecher kleine Kugeln formen und diese in Rosenpulver wälzen.

»Paradiesgartele« – unser Haustee

Zubereitungszeit 10 Minuten, Schwierigkeit leicht

Rosen gehören für mich in jede Teemischung.

Zutaten

3 Teile Zitronenstrauch Aloysia citrodora

3 Teile weiße Melisse Nepeta cataria ssp. citriodora

1 Teil Damaszenerrosen-Blütenblätter

1 Teil gelbe Blütenblätter Rose Golden Celebration

1 Teil Apfelminze Mentha suaveolens

1 Teil Kornblumen Centaurea cyanus

Zubereitung

1. Die Kräuter zum jeweiligen balsamischen Zeitpunkt ernten und trocknen. Eine schonende Trocknung bei 38 °C garantiert die bestmögliche Qualität.
2. Die Kräuter und Blüten in einer Schüssel vermischen, abfüllen und dunkel und kühl lagern.

Anwendung

3 Finger voll mit 1 großen Tasse heißem Wasser übergießen. 10 Minuten zugedeckt ziehen lassen, abseihen und genießen.

Verwendung

Dieser erfrischende Tee schmeckt heiß und kalt. Ich serviere ihn unseren Gästen als Frühstückstee und als aromatisches Heißgetränk nach der Sauna.

Rosen-Aromawasser
(Infused Rose Water)

Zubereitungszeit 3 Minuten, Schwierigkeit leicht

In der Sommerzeit ist dieses Aromawasser ein wohlschmeckender, zuckerfreier Durstlöscher. Die Aromakräuter vereinen sich mit den Früchten und mit dem Rosenduft zu einem blumigen Bouquet. Wer möchte, kann das gesunde Erfrischungsgetränk mit einem Hauch Rosenhydrolat aufpeppen.

Zutaten

Aromakräuter nach Belieben wie Zitronenverbene, weiße Melisse, Zitronenmelisse, Colakraut, Pfefferminze, Fruchtsalbei, Thymian, Rosmarin, Lavendel …
duftende Rosenblütenblätter
Bio-Zitrusfrüchte wie Zitrone oder Limette
Granatapfelkerne oder Beeren wie Erdbeeren, Himbeeren, Johannisbeeren, Heidelbeeren
Rosenhydrolat

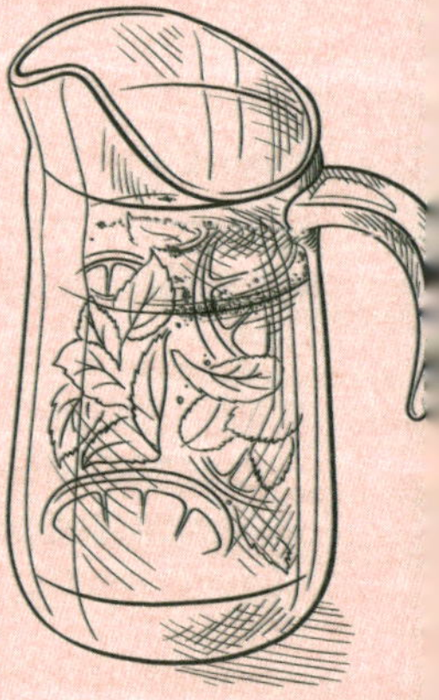

Zubereitung

1. Alle Aromakräuter und die Blütenblätter auf einem Tuch ausbreiten und einen Moment lang warten, bis alle kleinen Insekten herausgekrabbelt sind.
2. Die Aromakräuter in ein großes Dispenserglas mit Zapfhahn oder in eine große Karaffe geben.
3. Die Zitrone oder Limette waschen, in Scheiben schneiden und ins Glas füllen.
4. Mit kaltem Wasser aufgießen und mit Rosenblüten krönen.
5. Granatapfelkerne, Kräuter und die Rose können im Glas bleiben oder nach einer Reifezeit von mindestens 1 Stunde im Kühlschrank abgefiltert werden.
6. Vor dem Genießen jedes Glas mit einem Sprühstoß Rosenhydrolat verfeinern.

Verwendung

Zum Erfrischen, als gesunder Durstlöscher, nach dem Sport, fürs Buffet.

Mein Tipp:

Der Glasbehälter kann den ganzen Tag über mit Wasser nachgefüllt werden. Ihr könnt euer Infused Rose Water ganz nach persönlichem Geschmack mit Ingwer, essbaren Blüten, Zitronengras verfeinern und mit euren Lieblingshydrolaten spielen.

Rosenblütensirup

Zubereitungszeit 50 Minuten, Zeit zum Ausziehen 48 Stunden, Schwierigkeit mittel

Es gibt unterschiedliche Rosensirup-Zubereitungen. Hier verrate ich euch meine Lieblingsrezepte. Der Rosensirup mit Zucker ist ein gutes Jahr lang haltbar.
Spannend finde ich das Rezept für den Rosensirup ohne Zucker. Leider ist er im Kühlschrank nur eine Woche haltbar.
Für alle Rosensirup-Rezepte gilt: »Je mehr dunkelrote Duftrosen, desto mehr Aroma!«

Zutaten
50 duftende rote Rosenblüten
1 l Wasser
1 kg Bio-Rohrzucker
4 Bio-Zitronen
einige Glasflaschen

Mein Tipp:
Für den Rosenblütensirup verwende ich die dunkelroten duftenden Rosenblüten der Englischen Rosen wie Darcey Bussell, William Shakespeare 2000 und Rose Munstead Wood. Sie verleihen dem Sirup ein wunderbares Aroma und eine leuchtend rote Farbe.

Zubereitung

1. Die Flaschen samt Verschlüssen sterilisieren.
2. Die Blütenblätter abzupfen und auf einem Tuch ausbreiten. So können mögliche sechsbeinige »Rosengäste« das Weite suchen.
3. In der Zwischenzeit das Wasser mit dem Zucker und mit dem Saft der Zitronen erwärmen. Dabei so lange rühren, bis sich der Zucker aufgelöst hat.
4. Das Zuckerwasser auf 85 °C erhitzen und diese Temperatur 5 Minuten lang beibehalten.
5. Die Rosen in einen großen Topf füllen und mit dem auf 50 °C abgekühlten Sud vermischen.
6. Vom Herd nehmen, zudecken und in der Küche 48 Stunden lang stehen lassen.
7. Danach abseihen, auf 80 °C erwärmen und heiß in die vorbereiteten Flaschen füllen.

Verwendung

Für Rosenlimonade, Rosenbowle, Rosensaft, Rosenaperitifs, Cocktails, Longdrinks, Rosenhydrolat-Eiswürfel, Rosensorbet, Eis, Pudding, Desserts, Rosen-Mousse, Rosen-Pannacotta, Rosen-Tiramisu, Quark, Rosenjoghurt.

Rosenaperitif Ros-Anna: Dieser Rosenaperitif Ros-Anna, benannt nach unserer Tochter Anna, verkörpert für mich die Sinnlichkeit. Damit stoßen wir an auf das Leben, das Glück und die Liebe.

Rosensirup in ein Cocktailglas füllen, mit Prosecco aufgießen und mit einem Rosenhydrolat-Eiswürfel und einem Sprühstoß Rosenhydrolat servieren. Wer mag, kann den Drink mit einem Zweig Rosmarin oder zwei kleinen frischen Rosenblütenblättern garnieren.

Für eine alkoholfreie Variante den Prosecco durch Granatapfelsaft oder Apfelsaft ersetzen und mit einem Rosenhydrolat-Eiswürfel und einem Sprühstoß Rosenhydrolat pro Glas servieren.

Rosenlimonade: Rosenblütensirup mit dem Saft einer halben Zitrone und mit einem Zweig frischer Zitronenverbene in eine Karaffe füllen, mit Wasser aufgießen und 30 Minuten im Kühlschrank ziehen lassen.
Danach in Gläser füllen und mit einem Rosenhydrolat-Eiswürfel dekorieren.

Rosen-Granatapfel-Bowle: Rosenblütensirup mit Granatapfelkernen (Alternative: Erdbeeren, Himbeeren oder Obst nach Belieben) und Rosenblütenblättern in eine Bowleschüssel oder ein großes Glas füllen und mit einem Prosecco Rosé aufgießen.
Mit Rosenhydrolat-Eiswürfeln kühlen.

VARIANTE: ROSENBLÜTENSIRUP OHNE ZUCKER

Diese Sirupvariante ohne Zucker eignet sich für Diabetiker und für alle, die eine Low-Carb-Diät einhalten oder sich zuckerfrei ernähren möchten. Anstatt Zucker verwende ich 1250 g Erythrit pro 1 l Wasser. Wenn sich das Erythrit im erwärmten Zitronenwasser einmal aufgelöst hat, braucht dieser Sirup nicht noch einmal erwärmt zu werden.

Ich nehme den Sud vom Herd, vermische ihn mit den Rosenblütenblättern und lasse ihn in der Küche 12 Stunden lang zugedeckt stehen.

Danach abseihen, kurz erhitzen und in die vorbereiteten Flaschen füllen.

Den abgekühlten Rosenblütensirup im Kühlschrank lagern und innerhalb einer Woche aufbrauchen.

Erythrit und Xylit zählen zu den beliebtesten Zuckerersatzstoffen und sind auch bei Diabetes geeignet.

Beide sehen aus wie Zucker und haben keinen metalligen Nachgeschmack wie Stevia. Erythrit und Xylit gehören zu den sogenannten Zuckeralkoholen. Der Unterschied zwischen beiden besteht darin, dass Erythrit kalorienfrei ist, während Xylit ungefähr 240 Kilokalorien pro 100 g enthält. Immerhin die Hälfte des normalen Haushaltszuckers.

Ich bevorzuge in meiner Küche Erythrit und verwende es genauso sparsam wie ein Gewürz, denn in größeren Mengen kann es zu Blähungen und Durchfall führen.

Zu bedenken sind:

- Die Konsistenz: Ein Rosenblütensirup mit Erythrit bleibt dünnflüssig.
- Die Löslichkeit: In heißem Wasser löst sich Erythrit gut, sobald der Sud abkühlt, kann er wieder kristallisieren. Deshalb den Rosenblütensirup mit Erythrit immer wieder kräftig schütteln.
- Die Haltbarkeit: Ein Sirup mit Erythrit ist im Kühlschrank nur 1 Woche haltbar.

Spicy-Rosen-Chutney

Zubereitungszeit 20 Minuten, Schwierigkeit leicht

Chutneys werden aus süßen Früchten zubereitet und ähneln einem Fruchtaufstrich mit einer pikanten Note.

Zutaten

2 Handvoll frische Rosenblütenblätter
125 g Zwiebeln
250 g Äpfel
250 ml Rosenessig
100 g Zucker
1 Prise Nelkenpulver
1 Prise Zimt
1 Prise Salz
1 Prise Chilipulver
125 g Rosinen

Zubereitung

1. Rosenblütenblätter mit einem Keramikmesser klein schneiden.
2. Zwiebeln und Äpfel schälen und in kleine Würfel schneiden.
3. Rosenessig, Zucker, Nelkenpulver, Zimt, Salz und Chilipulver zusammen aufkochen.
4. Äpfel, Zwiebeln und Rosinen dazugeben.
5. Bei kleinster Stufe zu einem Mus kochen, dabei immer wieder umrühren.
6. Rosenblütenblätter dazugeben und die Masse noch 3 Minuten kochen lassen.
7. Heiß in Gläser füllen.
8. Dunkel und kühl lagern.

Verwendung

Passt zu Käse und allen vegetarischen Gerichten. Eine wunderbare Beilage zu Fleisch, Wild, Geflügel und Fisch.

Rosenpesto

Zubereitungszeit 15 Minuten, Schwierigkeit leicht

Pestos sind aromatische Geschmackserlebnisse. Ich bereite sie ohne Parmesankäse und Pignoli, dafür mit bestem Öl und frischen Saaten oder Nüssen zu.
Mein Rosenpesto mit Sonnenblumenkernen schmeckt mild und duftet zart nach Rosen.

Zutaten
1 Handvoll Sonnenblumenkerne
3 Handvoll frische dunkelrote Rosenblütenblätter
etwas kalt gepresstes Olivenöl
nach Belieben Salz und Pfeffer

Zubereitung

1. Sonnenblumenkerne im Mörser zerstoßen.
2. Rosenblütenblätter mit einem Keramikmesser klein schneiden und mit den Sonnenblumenkernen verreiben.
3. Mit dem Olivenöl zu einer Paste vermischen.
4. Mit Salz und Pfeffer abschmecken.

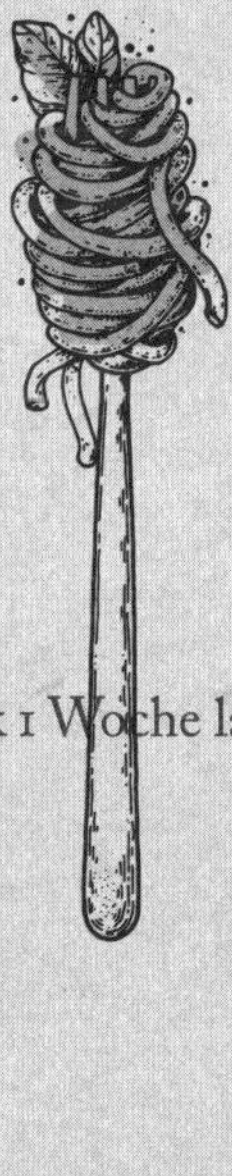

Haltbarkeit
Mit Olivenöl bedeckt ist der Pesto im Kühlschrank 1 Woche lang haltbar.

Verwendung

Dieser Rosenpesto passt zu Risotto, Käse, Nudeln, Gemüse-, Fisch- und Fleischgerichten.

Ich reiche den Pesto auch gerne als Aufstrich auf selbst gebackenem Brot.

Blätterteig-Rosenschnecken: Mit dem Rosenpesto lassen sich im Nu Blätterteig-Rosenschnecken herstellen.

Dazu Blätterteig mit Tomatenmark und Rosenpesto bestreichen, aufrollen und in Scheiben schneiden.

Den Backofen auf 180 °C Ober- und Unterhitze vorheizen. Ein Backblech mit Backpapier auslegen. Die Rosen-Schnecken drauf verteilen und 15 bis 20 Minuten lang backen.

Mit Rosenblütenblättern dekorieren und lauwarm genießen.

Mein Tipp:

Probiert unbedingt die Rosenpesto-Variante mit Mandeln anstatt mit Sonnenblumenkernen. Sie schmeckt noch etwas milder.

Pikanter Rosen-Meerrettich-Aufstrich

Zubereitungszeit 10 Minuten, Schwierigkeit leicht

Nach einer Führung durch unser Paradiesgärtchen verwöhne ich meine Gäste gern mit dieser pikanten Stärkung.

Zutaten

1 gefüllte dunkelrote Rosenblüte (z. B. Darcey Bussell, William Shakespeare 2000 oder Munstead Wood)
125 g Frischkäse
2 EL Sahne
2 EL Meerrettich
1 TL Tomatenmark
nach Belieben Rosensalz
nach Belieben Rosenpfeffer
nach Belieben Tomatenflocken

Zubereitung

1. Die Rosenblütenblätter abzupfen und mit einem Keramikmesser ganz fein schneiden.
2. Den Frischkäse mit der Sahne glatt rühren und gut mit dem Meerrettich und dem Tomatenmark vermischen.
3. Die fein geschnittenen Rosenblütenblätter dazugeben und untermengen.
4. Mit den Gewürzen abschmecken und mit den Tomatenflocken dekorieren.

Rosen-Rohkostcracker

Vorbereitung 24 Stunden Ankeimzeit, Zubereitungszeit 45 Minuten, Trockenzeit 12 Stunden, Schwierigkeit leicht

Dieses Rezept eignet sich für die Low-Carb-Ernährung wie für die Rohkostfreunde, da die knusprigen Cracker im Dörrapparat bei niedriger Temperatur getrocknet werden.

Zutaten

1 Tasse frische Rote Bete, in kleine Würfel geschnitten
2 Tassen Duftrosen-Blütenblätter
1 Tasse gekeimte Sonnenblumenkerne
1 Tasse Leinsamen
1 Tasse Chia-Samen
½ EL Olivenöl
4 Tassen Wasser
2 TL Meersalz
1 TL Paprika
1 Prise Cayennepfeffer
nach Belieben frisch geriebener Peperoncino
1 Tasse kleine Duftrosen-Blütenblätter (Rose de Resht) zum Bestreuen

Vorbereitung

1. Durch das Keimen der Sonnenblumenkerne erhalten wir eine bessere Bioverfügbarkeit der enthaltenen Nährstoffe. Zudem reduziert sich der Phytinsäure-Gehalt und dadurch werden sie leichter verdaulich.
2. Dazu Sonnenblumenkerne über Nacht in reichlich frischem Wasser einweichen.
3. Am nächsten Morgen in ein Keimglas oder ein großes Marmeladenglas geben, mit einer Gaze verschließen und das Wasser gut abtropfen lassen.
4. Bei Zimmertemperatur in der Küche keimen lassen.
5. Abends die Sonnenblumenkerne noch einmal gut spülen und den Vorgang wiederholen.
6. Am nächsten Tag können die Sonnenblumenkerne weiterverarbeitet werden.

Zubereitung

1. Die Rote-Bete-Würfel mit den Rosenblütenblättern und den gekeimten Sonnenblumenkernen in einen Mixer füllen und pürieren.
2. In eine große Schüssel füllen, Leinsamen, Chia-Samen, Olivenöl und Wasser dazugeben, alles gut vermischen und 1 Stunde lang quellen lassen.
3. Mit den Gewürzen abschmecken und noch einmal kurz durchmischen.
4. Auf eine Dörrfolie streichen, mit einer zweiten Folie bedecken und dünn ausrollen, dann die obere Dörrfolie wieder entfernen.
5. Mit kleinen Rosenblättern bestreuen und im Dörrapparat bei 38 °C 8 Stunden lang trocknen.
6. Danach die Masse umdrehen, in Quadrate schneiden und so lange weitertrocknen, bis die Cracker knusprig sind.

Mein Tipp:
Um Rosencracker in **Rohkostqualität** *herzustellen, sollte die Dörrtemperatur bei 38 °C liegen.*
Zu Beginn, wenn die Samen noch feucht sind, kann die Temperatur aufgrund der Verdunstungskälte etwas erhöht werden (48 °C).
Nach einer Stunde reduziere ich die Temperatur auf 38 °C, damit die hitzeempfindlichen Enzyme und Vitalstoffe erhalten bleiben.

Haltbarkeit
Bei trockener Lagerung gut 3 Wochen

Mein Tipp:
Wer keinen Dörrapparat besitzt, kann die Rosen-Cracker auch im nicht ganz geschlossenen Backofen bei 45 °C (einen hölzernen Kochlöffel zwischen Backofen und Tür schieben) trocknen.

Süßer Rosenblütenaufstrich

Zubereitungszeit 15 Minuten, Schwierigkeit leicht

Aus Rosen lassen sich verschiedenfarbige Fruchtaufstriche herstellen. Ihr könnt rosa, dunkelrote, gelbe oder apricotfarbene Duftrosen verwenden. Je nach Rosensorte verändert sich nicht nur die Farbe, sondern auch der Geschmack.

Zutaten

1 große Schüssel Duftrosenblütenblätter
1 Zitrone
ca. 1,2 l Apfelsaft
500 g Gelierzucker 1:3

Vorbereitung

1. Einmachgläser und Schraubdeckel sterilisieren.
2. Dazu die Einmachgläser und die Schraubdeckel mit heißem Wasser abspülen und in einen großen Topf mit Wasser geben.
3. Das Wasser erhitzen und 10 Minuten kochen lassen.
4. Die Gläser und Deckel aus dem Wasser nehmen und diese ohne vorheriges Abtrocknen befüllen.

Zubereitung

1. Duftrosenblüten auf einem Tuch ausbreiten, damit kleine Insekten davonkrabbeln können.
2. Die Rosenblütenblätter mit dem Saft der Zitrone und mit 500 ml Apfelsaft im Mixer pürieren.
3. Die pürierte Mischung abmessen und auf 1250 ml (je nach Gelierzucker – bitte die Anleitung beachten) auffüllen. Mit dem Gelierzucker in einem großen Kochtopf gut vermengen und unter ständigem Rühren zum Kochen bringen.
4. Den Aufstrich mindestens 3 Minuten lang sprudelnd kochen lassen, dabei ständig weiterrühren.
5. Eventuell eine Gelierprobe machen. Dazu 1 TL des heißen Fruchtaufstriches auf einen kleinen kalten Teller geben. Wenn der Aufstrich zu dünnflüssig ist, 1–2 TL Zitronensäure unter die heiße Masse rühren und eine zweite Gelierprobe machen.
6. Dann den Aufstrich randvoll in die vorbereiteten Gläser füllen und diese gleich verschließen.

Verwendung

Als leckerer Brotaufstrich, zu Brioche, für Torten, Eis und Desserts.

Rosenjoghurt: Mit diesem Aufstrich lässt sich ein feines Dessert herstellen.
Dazu Naturjoghurt mit dem Abrieb einer Bio-Zitrone und mit Rosenpuder abschmecken und je nach Vorliebe mit Rosenblütensirup oder Rosenzucker (auch mit der zuckerfreien Variante) süßen.
Kleine Gläser mit je 1 EL Rosenblütenaufstrich füllen, das Rosenjoghurt darauf verteilen und mit frischen Rosenblütenblättern garnieren.

Hagebutten-Fruchtaufstrich in Rohkostqualität

Zubereitungszeit 30 Minuten, Schwierigkeit mittel

Dieser Hagebuttenaufstrich schmeckt köstlich und entpuppt sich als ein wahrer Immun-Booster.

Zutaten
Hagebutten der Rosa rugosa
Honig

Zubereitung

1. Die Hagebutten halbieren, die Kerne mit einem Löffel entfernen und die Hälften unter fließendem Wasser gründlich waschen.
2. Die halbierten und von den Kernen befreiten Hagebutten eine Nacht lang ins Tiefkühlfach legen.
3. Die weichen Hagebutten im Mixer pürieren.
4. Das Hagebuttenmus mit derselben Menge Honig vermischen und in kleine sterilisierte Gläser abfüllen.
5. Die Gläser einfrieren. Bei Bedarf jeweils ein Glas auftauen und innerhalb einer Woche aufbrauchen.

Haltbarkeit
Im Kühlschrank 1 Woche

Verwendung
Täglich 1 Löffel pur oder aufs Brot zum Genießen oder zum Stärken des Immunsystems.

Rosenpralinen

Zubereitungszeit 10 Minuten, Schwierigkeit leicht

Süße und zugleich gesunde Rosenpralinen, ist das nicht ein Widerspruch in sich? Probiert sie aus, und ihr werdet begeistert sein! Bei diesem Rezept fehlt die Mengenangabe, denn die Masse wird je nach Rosenmenge mit den weiteren Zutaten nach Gefühl und persönlichen Vorlieben zusammengemischt.

Zutaten
Duftrosenblütenblätter
Mandelmus
Mandelmehl
1 Prise bestes Salz
Honig, Apfeldicksaft oder Erythrit
Rosenhydrolat
kleine getrocknete Rosenblütenblätter (Rose de Resht)

Mandelmehl wird im Gegensatz zu gemahlenen Mandeln durch Pressung entölt. Dadurch besitzt es einen viel geringeren Fettanteil als die gemahlenen Mandeln. Zum Backen und Formen bevorzuge ich Mandelmehl, denn es zaubert glattere und kompaktere Teige.

Zubereitung

1. Duftrosenblüten auf einem Tuch ausbreiten, damit kleine Insekten davonkrabbeln.
2. Rosenblütenblätter mit einem Keramikmesser fein schneiden und im Mörser oder im Mixer mit Mandelmus zu einer cremigen Masse verarbeiten.
3. Das Mandelmehl dazugeben.
4. Mit dem Salz, dem Süßungsmittel eurer Wahl und einem Hauch Rosenhydrolat abschmecken und alles zu einer formbaren Masse mischen.
5. Mit einem TL kleine Pralinen abstechen und in den getrockneten Rosenblütenblättern wälzen.

Honigmarzipan

Zubereitungszeit 30 Minuten, Schwierigkeit leicht

Wenn ich an Marzipan denke, kommt mir der Geruch von Mandeln und Rosenwasser in den Sinn.
Marzipan selbst herstellen ist ganz einfach. Im Gegensatz zum klassischen Marzipan, das mit Puderzucker und Bittermandelaroma hergestellt und hoch erhitzt wird, wird diese Variante mit Honig schneller cremiger und sie schmeckt auch nicht so süß.

Zutaten

200 g ungeschälte Bio-Mandeln
100 g Honig
1–2 EL Rosenhydrolat
3 Tropfen ätherisches Rosenöl 10 %

Vorbereitung

1. Die Mandeln mit kochendem Wasser übergießen, einige Minuten ziehen lassen, dann die Haut abziehen.
2. Die Mandeln auf Butterbrotpapier legen und einige Stunden trocknen lassen.

Mein Tipp:
Wer es eilig hat, kann geschälte und geriebene Mandeln verwenden. Diese werden noch einmal im Mixer fein gemahlen und dann weiterverarbeitet.

Zubereitung

1. Die Mandeln fein mahlen und durch ein Sieb streichen.
2. Mit dem Honig und dem Hydrolat so lange verkneten, bis eine homogene, geschmeidige Masse entsteht.
3. Die Marzipanmasse mit dem ätherischen Rosenöl aromatisieren.
4. Zu einer Rolle formen, in Butterbrotpapier einschlagen und im Kühlschrank lagern.

Verwendung

Aus dem Honigmarzipan lassen sich kleine Rosenleckereien formen.

Dazu kneten wir die Marzipanmasse gut durch, formen daraus kleine Kugeln, Stangen oder Herzen und wälzen sie in Rosenpuder.

Die Farbe der Marzipanmasse kann mit Rote-Rüben-Pulver intensiviert werden. In Rosen-Silikonformen gedrückt, ergibt das Rosenmarzipan eine schöne Dekoration für besondere Torten und süße Teilchen.

Mein Tipp: Low-Carb-Marzipan

Low-Carb-Freundinnen und alle, die eine zuckerfreie Variante bevorzugen, können das Rezept anstatt mit Honig mit 100 g pulverisiertem Erythrit (siehe Info unter Rosenblütensirup ohne Zucker auf S. 156) und 1 EL Rosenpuder ausprobieren.

Apfel-Rosen-Muffins

Zubereitungszeit 30 Minuten, Backzeit 30–35 Minuten, Schwierigkeit leicht

Apfel-Rosen-Muffins sehen aus wie kleine Kunstwerke. Sie gelingen auch Backanfängerinnen, denn sie werden mit einem fertigen Blätterteig hergestellt. Äpfel haben die meisten von euch zu Hause, und so könnt ihr den Backofen schon vorheizen, wenn sich ein Überraschungsbesuch ankündigt.

***Zutaten** (für 12 Apfel-Rosen-Muffins)*
2 Rollen rechteckiger Blätterteig
3 EL Marillenmarmelade
etwas Wasser
1 Prise Zimt
1 Prise Kardamom
3 rote Äpfel
1 Zitrone
etwas Butter
etwas Butter für die Form
nach Belieben Puderzucker oder Rosenpuder zum Bestäuben

Zubereitung

1. Den Blätterteig aus dem Kühlschrank nehmen und ihn 20 Minuten noch eingepackt ruhen lassen.
2. Den Backofen auf 180 °C Ober- und Unterhitze vorheizen.
3. In der Zwischenzeit die Marillenmarmelade mit etwas Wasser, dem Zimt und dem Kardamom verrühren.
4. Äpfel halbieren, entkernen und in dünne Scheiben schneiden.
5. Die Apfelscheiben mit dem Saft der Zitrone und etwas Butter in einer beschichteten Pfanne weich dünsten.
6. Ein Muffinblech mit Papierförmchen auslegen oder gut einfetten.
7. Den Blätterteig aus der Verpackung nehmen, ausrollen und in 6 Streifen schneiden.
8. Jeden Streifen mit der Marillenmarmelade bestreichen.
9. Die weichen Apfelscheiben auf den oberen Rand der Streifen legen, sodass sie noch ein wenig über den Rand hinausragen.
10. Die untere Hälfte des Streifens nach oben klappen und von der Seite her nicht zu eng zu einer Rose aufrollen.
11. Die Apfelrosen in die Muffinförmchen setzen.
12. 30–35 Minuten (je nach Backofen) backen.
13. Die Apfelrosen noch heiß mit Marillenmarmelade bepinseln und abkühlen lassen.
14. Vor dem Servieren mit Puderzucker oder Rosenpuder bestreuen.

Mein Tipp:

Eine Muffinform aus Silikon muss weder eingefettet noch mit Papierförmchen ausgelegt werden. Sie wird nur mit kaltem Wasser ausgeschwenkt und noch nass verwendet. Die Apfelrosen lassen sich nach dem Backen leicht herauslösen.

Rosen-Schichttörtchen

Zubereitungszeit 30 Minuten, Schwierigkeit leicht

Mit frischen Rosenblütenblättern dekoriert erfreut dieser kleine süße Gruß aus der Rosenküche jede Rosenfreundin und jeden Rosenfreund.

Zutaten

4 Eier
80 g Zucker
2 TL Vanille-Essenz
1 Prise Salz
100 g Dinkelmehl
100 g Sahne
25 g Puderzucker
Abrieb 1 Bio-Zitrone
4 EL süßer Rosenblütenaufstrich
1 EL Rosenpuder

Mein Tipp: Vanille-Essenz selber machen

Für die Vanille-Essenz halbiere ich 3 Bio-Vanilleschoten der Länge nach und kratze das Mark mit einem Keramikmesser heraus. Die Vanilleschoten zerkleinere ich und lege sie mit dem Vanillemark in 100 ml Wodka ein.
Den Ansatz schüttle ich jeden Tag einmal kräftig durch.
Die Vanille-Essenz wird von Tag zu Tag dunkler. Je länger die Essenz reifen kann, desto intensiver wird sie.
Nach 4 Wochen wird sie abgeseiht und in ein kleines Fläschchen gefüllt.

Zubereitung *Biskuittörtchen*

1. Den Backofen auf 180 °C Ober- und Unterhitze vorheizen.
2. Die ganzen Eier in einer Rührschüssel auf höchster Stufe 2 Minuten lang schaumig schlagen.
3. Den Zucker, die Vanille-Essenz und das Salz einstreuen und weitere 3 Minuten lang auf höchster Stufe schaumig schlagen.
4. Das Mehl durchsieben und mit dem Schneebesen unterheben.
5. Mit einem Eisportionierer kleine runde Schaumhäufchen auf eine Backfolie geben.
6. Diese Masse ergibt 2 Backbleche mit je 20–25 Biskuittalern.
7. 10 Minuten (je nach Backofen) lang backen.
8. Danach auskühlen lassen.

Zubereitung *Rosenfüllung*

1. Die Sahne schlagen und mit dem Puderzucker, dem Abrieb der Zitrone, 1 EL Rosenblütenaufstrich und dem Rosenpuder gut vermengen.
2. In einen Spritzbeutel füllen.
3. Ein Drittel der Biskuittaler mit Rosenblütenaufstrich bestreichen.
4. Mit der Rosensahne kleine Tupfen aufspritzen.
5. Einen Biskuittaler darauflegen und den Vorgang wiederholen, einen dritten Biskuittaler darauflegen und den Vorgang noch einmal wiederholen.
6. Das Rosentörtchen mit frischen Beeren oder Rosen dekorieren.

Rosenglück-Cupcakes

Zubereitungszeit 15 Minuten, Backzeit 20 Minuten,
Schwierigkeit leicht

Der Name »Cupcake« kommt aus dem Amerikanischen und bedeutet Teig, der in der Tasse gebacken wird. 1796 wurde dieses kleine Gebäck erstmals in einem amerikanischen Kochbuch erwähnt.

Cupcakes werden aus einem einfachen Rührteig ohne Nüsse, Schokoladestückchen und Beeren gebacken, dafür erhalten sie danach eine schöne Haube. Diese unterscheidet einen Cupcake von einem Muffin.

***Zutaten** (für die Cupcake-Basis)*

300 g weiche Joghurtbutter
300 g Puderzucker
1 EL Rosenpuder
2 TL Vanille-Essenz (Anleitung siehe unter Rosentörtchen auf S. 176)
1 Prise Salz
4 Eier
320 g Dinkelmehl
50 g Kakao
1 TL Backpulver
½ TL Natron

***Zutaten** (für das Rosentopping)*

120 g weiche Butter
110 g Puderzucker
1 EL Rosenpuder
2 TL Vanille-Essenz
370 g Frischkäse

***Zubereitung** Cupcake-Basis*

1. Den Backofen auf 180 °C Ober- und Unterhitze vorheizen. Die weiche Butter schaumig rühren.
2. Puderzucker und Rosenpuder auf die Butterschaummasse sieben und mit der Vanilleessenz und dem Salz schaumig rühren.
3. Nach und nach die ganzen Eier einrühren.
4. Das Dinkelmehl mit dem Kakao, dem Backpulver und dem Natron vermischen und unter die Buttermasse rühren.
5. Ist der Teig zu fest, kann etwas Milch oder Sahne beigefügt werden.
6. Die Muffinförmchen mit einem Eisportionierer halbvoll mit Teig füllen und je nach Backofen ca. 20 Minuten lang backen.
7. Nach dem Abkühlen die Cupcakes aus der Form nehmen und abkühlen lassen.

***Zubereitung** Topping*

1. Die weiche Butter mit dem Puderzucker schaumig rühren.
2. Den Rosenpuder untermengen. Mit der Vanille-Essenz aromatisieren.
3. Dann den Frischkäse glatt rühren und rasch unter die Buttermasse ziehen.
4. Einen Spritzbeutel mit der Toppingmasse füllen und auf die Cupcakes spritzen.

Mein Tipp:
Die Cupcake-Basis lässt sich gut einfrieren.

Rosige Mohntorte

Zubereitungszeit 20 Minuten, Backzeit 45 Minuten, Schwierigkeit mittel

Der *Mogn* – wie er in Südtirol genannt wird – versüßte früher die karge Bauernkost. Mohnspeisen waren so etwas wie Kultspeisen, die bei Hochzeiten und Taufen, zu Allerheiligen, Weihnachten, Neujahr und Dreikönig aufgetischt wurden. Heute noch gelten Süßspeisen mit Mohn als etwas ganz Besonderes. Vielleicht schwingt dabei auch die homöopathische Morphindosis mit, die in Mohnkrapfen, im Mohnstrudel und in der Mohntorte zu finden ist?
Nicht alle mögen Mohn, aber wer ihn liebt, wird auch dieses mit Rosen parfümierte Rezept lieben.
Diese Torte enthält kein Mehl, dafür viel Mohn und Mandeln.

Zutaten

5 Eier
1 Prise Salz
140 g Butter
170 g Puderzucker
2 EL Rosenpuder
70 g Mandeln
200 g geriebener, gestampfter oder gequetschter Mohn
2 EL Rosenlikör (Rezept auf S. 184)
1 EL Abrieb von Bio-Zitronen
1 EL Rosenzucker

Zubereitung

1. Den Backofen auf 180 °C Ober- und Unterhitze vorheizen.
2. Eine Springform oder sechs kleine Tartelette-Förmchen einfetten.
3. Die Eier trennen und das Eiklar mit dem Salz steif schlagen.
4. Die weiche Butter schaumig rühren, den Puderzucker und den Rosenpuder hinzufügen und weiterrühren.
5. Nach und nach die Eigelbe einzeln dazugeben und gut vermischen.
6. Die Mandeln fein mahlen und mit dem zerquetschten Mohn, dem Rosenlikör und dem Zitronenabrieb unter die Buttermasse ziehen.
7. Den Eischnee unter die Masse heben. Den Teig in die vorbereitete Form füllen und gleichmäßig verteilen.
8. Im vorgeheizten Backofen bei 180 °C die Tartelette-Förmchen je nach Backofen ca. 30 Minuten lang und die Torte ca. 45 Minuten lang backen.
9. Auskühlen lassen und mit Schwarzbeeren dekorieren oder mit der rosigen Zitronenglasur überziehen und mit frischen Rosen dekorieren.

Mein Tipp:

Für eine rosige Zitronenglasur 1 **Zitrone** *auspressen und den Saft durch ein Sieb streichen.*

150 g **Puderzucker** *mit* 1 EL **Rosenpuder** *mischen, tropfenweise Zitronensaft dazugeben und glatt rühren, bis eine dickflüssige, streichfähige Glasur entsteht.*

Die Glasur über den Kuchen gießen und mit einem Kuchenspachtel verstreichen.

Rosen-Energiekugeln

Zubereitungszeit 10 Minuten, Schwierigkeit leicht

Manchmal gibt es Zeiten, da brauchen wir Kraft und Power. Da könnten wir uns das Leben mit diesen Rosenbällchen, auch Energy Balls oder Bliss Balls genannt, versüßen. Sie schmecken köstlich, sind schnell zubereitet und versorgen uns mit Energie.

Zutaten

1 Handvoll getrocknete duftende rote Rosenblütenblätter
200 g Mandeln, Cashewkerne, Haselnüsse und/oder Walnüsse
250 g Hafermehl
2 EL Honig oder einige Datteln oder ein Süßungsmittel nach Wahl
2 EL Rosenpuder
½ TL Vanillemark
1 Prise Kardamom
1 Prise Salz
1 große oder 2 kleine Bananen

Mein Tipp:
Für das Hafermehl treibe ich Nackthafer durch die Flockenquetsche und pulverisiere die frischen Haferflocken im Mixer. Ihr könnt auch gekaufte Haferflocken pulverisieren.

Zubereitung

1. Die getrockneten Rosenblütenblätter mit der Hand etwas zerbröseln.
2. Die Mandeln, Cashewkerne, Haselnüsse oder Walnüsse – oder eine Mischung von allen – im Mixer zerkleinern.
3. Mit dem Hafermehl, dem Honig, dem Rosenpuder und den Gewürzen vermischen.
4. Die Banane schaumig rühren und mit den restlichen Zutaten gut vermengen.
5. Dann je 1 TL voll von der Masse abstechen und mit der Hand zu einer Kugel rollen.
6. Diese in den zerbröselten Rosenblütenblättern wälzen und gleich vernaschen.

Haltbarkeit

Die Kugeln sind nicht lange haltbar, lassen sich aber gut einfrieren.

Duftender Rosenlikör

Zubereitungszeit 10 Minuten, Ansatz 3 Wochen, Reifezeit 3 Monate, Schwierigkeit leicht

Zu guter Letzt habe ich noch zweierlei Likörchen für euch, einmal mit der Rosenblüte und einmal mit der Rosenfrucht. Was bevorzugt ihr?

Zutaten

1 Vanilleschote
2 Handvoll frische duftende Rosenblütenblätter
½ l Wodka
100 ml Rosenblütensirup
3 EL Rosenhydrolat

Zubereitung

1. Die Vanilleschote der Länge nach halbieren, mit den Rosenblütenblättern und dem Wodka in ein Glas geben, verschließen und gut schütteln.
2. Den Ansatz lichtgeschützt ziehen lassen, dabei ab und zu schütteln.
3. Nach 3 Wochen abseihen, mit dem Rosenblütensirup und dem Rosenhydrolat vermischen.
4. In kleine Flaschen füllen.
5. Lichtgeschützt mindestens 3 Monate lang reifen lassen.

Pfrousl-Schnapsl

Zubereitungszeit 10 Minuten, Ansatz 3 Wochen, Reifezeit 3 Monate, Schwierigkeit leicht

Zutaten

3 Handvoll frische reife Hagebutten
1 Vanilleschote
100 g Kandiszucker
Abrieb 1 Bio-Zitrone
½ l Wodka

Zubereitung

1. Die Hagebutten teilen, Stiel und Spitze entfernen und gut waschen.
2. Die Vanilleschote der Länge nach halbieren, mit den Hagebutten, dem Kandiszucker, etwas Zitronenabrieb und dem Wodka in ein Glas geben, verschließen und gut schütteln.
3. Den Ansatz lichtgeschützt ziehen lassen, dabei ab und zu schütteln.
4. Nach 3 Wochen abseihen. In kleine Flaschen füllen.
5. Lichtgeschützt mindestens 3 Monate lang reifen lassen.

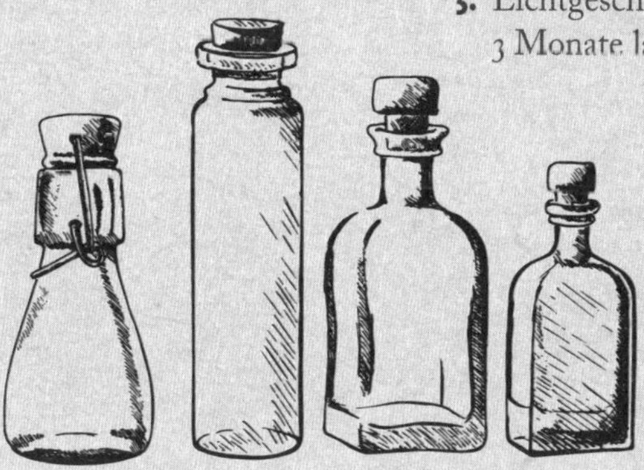

EMPFEHLUNGEN

KRÄUTER ERBE Bacherhof

Führungen durch meine Rosenwelt
Ende Mai bis Ende Juni, jeweils am Mittwochnachmittag mit Umtrunk

Wilde Gartenführungen
ab Ostern bis Allerheiligen, jeweils am Donnerstagnachmittag mit Umtrunk

Erlebnis-Vorträge und Workshops
Xund – heimische Pflanzen in der Volksmedizin
Schian – die Schätze der Natur für unsere Schönheit
Guat – kulinarischer Hochgenuss mit Rosen und Wildkräutern
Stork – Traditionen und Brauchtum rund ums Räuchern im Jahreskreis
Kneipp Livestyle – eine achtsame Grundlage zur Stärkung der Gesundheit

Voranmeldung unter: Tel. +39 333 898 8638
KRÄUTER ERBE Bacherhof
KRÄUTER ERBE Akademie
Gebreidweg 10 a
39010 Nals
Tel.: +39 333 898 8638
www.kraeutererbe.info

Internetadressen

www.rosenschule.de
www.rosen.de
www.deutscheliebeslyrik.de
www.wikipedia.org
www.welt-der-rosen.de
www.rosenhof-schultheis.de
www.rosenpark-draeger.de
www.natura-naturans.de

Bezugsquellen für hochwertige Bio-Pflanzenprodukte (z. B. Hydrolate und ätherische Öle)

www.maienfelser-naturkosmetik.de
www.shop-vivere.de
www.doriskaradar.com

LITERATUR

Austin, David: *Rosenhandbuch.* Wolverhampton 2008.
Bäumler, Siegfried: *Heilpflanzenpraxis heute. Portraits – Rezepturen – Anwendung.* Urban und Fischer Verlag 2007.
Beiser, Rudi: *Öle, Cremes und Salben aus Heilpflanzen. Wirksame Rezepturen selbst gemacht.* Ulmer Verlag 2020.
Beiser, Rudi/Ell-Beiser, Helga: *Heilpflanzen-Tinkturen. Wirksame Pflanzenauszüge selbst gemacht.* Ulmer Verlag 2017.
Bühring, Ursel: *Alles über Heilpflanzen.* Ulmer Verlag 2007.
Bühring, Ursel: *Praxis-Lehrbuch der modernen Heilpflanzenkunde. Grundlagen – Anwendung – Therapie.* Haug Verlag 2011.
Canestrini, Martha: *Bauerngärten in Südtirol.* Folio Verlag 2012.
Chrubasik-Hausmann, Sigrun: *Review zur Rosa canina. Ein Update zu Hagebuttenpulver bei Arthrose und Rückenschmerzen.* https://www.uniklinik-freiburg.de/fileadmin/mediapool/08_institute/rechtsmedizin/pdf/Addenda/Hagebutte_Update.pdf (abgerufen am 29. September 2023)
Deussen, Paul (Übers.)/Michel Peter (Hrsg.): *Upanishaden. Die Geheimlehre des Veda.* Marixverlag 2006.
Ell-Beiser, Helga: *Die Rose berührt das Herz.* In: *DHZ – Deutsche Heilpraktiker Zeitschrift.* 2017, 6, S. 56–60.
Fink, Hans: *Verzaubertes Land. Volkskult und Ahnenbrauch in Südtirol.* Tyrolia 1983.
Fischer-Rizzi, Susanne: *Das große Buch der Pflanzenwässer: Pflegen, heilen, gesund bleiben mit Hydrolaten.* AT Verlag 2014.
Fischer-Rizzi, Susanne: *Himmlische Düfte. Das große Buch der Aromatherapie.* AT Verlag 2011.
Forum für Aromatherapie und Aromapflege: *Die Rose.* 1 – 1992.
Forum für Aromatherapie und Aromapflege: *Rosenzauber.* Jubiläumsheft 20 – 2001.
Gebrüder Grimm: *Kinder- und Hausmärchen.* Bindlach 2001.
Kager, Hanspeter: *Die Hydrolate. Pflanzendestillation für Hobbydestillateure.* Hof des Wandels 2021.

Kaufhold, Peter: *Die Rose – ein Pflanzenportrait.* In: *Der Heilpraktiker & Volksheilkunde.* 2 und 3/2005.

Kleindienst-John, Ingrid: *Hydrolate: Helfer aus dem Pflanzenreich: Sanfte Heilkräfte aus dem Pflanzenwasser.* Freya 2012.

Kutter, Erni/Prinoth Ida: *Heilige Weibsbilder. Gelehrt – eigenwillig – streitbar.* Edition Raetia 2015.

Liz, Sheila de: *Woman on Fire. Alles über die fabelhaften Wechseljahre.* Verlag Rowohlt Polaris 2020.

Lundt, Holger: *Die Rosen der Kleopatra. Ein Spaziergang durch die Gärten der Geschichte.* Artemis & Winkler Verlag 2008.

Madejsky, Margret: *Alchemilla. Eine ganzheitliche Kräuterheilkunde für Frauen.* Goldmann Verlag 2000.

Madejsky, Margret: *Lexikon der Frauenkräuter. Inhaltsstoffe, Wirkungen, Signaturen und Anwendungen – Mit über 180 Heilkräuterrezepten.* AT Verlag 2008.

Madejsky, Margret: *Praxishandbuch Frauenkräuter. Mit vielen Rezepten und praktischen Heilpflanzen-Anwendungen.* AT Verlag 2019.

Madejsky, Margret/Ochsner, Patricia/Amann, Max/Rippe, Olaf/Rätsch, Christian: *Paracelsusmedizin. Altes Wissen in der Heilkunst von heute.* AT Verlag 2001.

Madejsky, Margret/Rippe, Olaf: *Heilmittel der Sonne, Mythen, Pflanzenwissen, Rezepte und Anwendungen.* AT Verlag 2018.

Mahlknecht, Bruno: *Südtiroler Sagen.* Bozen 1981.

Mair, Wilhelm: *Meraner Röschen und Meraner Rose.* In: *Meraner Stadtanzeiger.* 2014, 2. Mai 204/09, S. 29.

Nedoma, Gabriela: *Das große Buch vom OXYMEL. Medizin aus Honig und Essig.* Aesculus Verlag 2019.

Nedoma, Gabriela: *Grüne Kosmetik. Bio-Pflege aus Küche und Garten.* Freya Verlag 2014.

Nedoma, Gabriela: *Natürliche Aphrodisiaka. Naturheilkunde und Heilpflanzenrezepte für die Liebe.* Verlag Eugen Ulmer 2018.

Nedoma, Gabriela: *Traditionelle Hautmedizin. Heilende Öle, Salben & Cremes aus 3000 Jahren Naturheilkunde.* Servus Verlag 2020.

Nedoma, Gabriela: *Vergessene Heiltinkturen: Alkoholfreie Pflanzenextrakte und ihre heilkundlichen Anwendungen.* Servus Verlag 2020.
Nedoma, Gabriela/Hirsch, Siegrid: *Vegane Kosmetik. einfach – handmade – aus der Natur.* Freya Verlag 2016.
Rippe, Olaf; Madejsky, Magret: *Die Kräutermedizin des Paracelsus.* AT-Verlag 2006.
Rippe, Olaf/Madejsky, Margret: *Traditionelle Heilpflanzenkunde und Phytotherapie. Kräuterwissen im Geist des Paracelsus. Naturphilosophie. Pflanzenporträts. Therapeutische Anwendungen.* AT Verlag 2018.
Schultheis, Heinrich: *Rosen. Die besten Arten und Sorten für den Garten.* Ulmer Verlag 1996.
Seidel, Brigitta: *In der Zauberwelt der Rosen, Eine kleine Kulturgeschichte.* Husum Verlag 2009.
Stadelmann, Ingeborg: *Aromapflege. Praktische Aromatherapie für den Pflegealltag.* Stadelmann Verlag 2015.
Stern, Cornelia: *Gemmotherapie. Grundlagen – Indikationen – Behandlung.* Haug Verlag 2019.
Stern, Cornelia/Ell-Beiser, Helga: *Phytotherapie in Theorie und Praxis. Wirkstoffe verstehen – Heilpflanzen sinnvoll nutzen.* AT-Verlag 2022.
Stumpf, Ursula: *Pflanzengöttinnen und ihre Heilkräuter. Naturkraft schöpfen, Heilwissen nutzen.* Kosmos 2017.
Tappeiner, Jutta: *Lebendige Bräuche in Südtirol.* Athesia Verlag 2018.
Trotha, Hans von: *Garten Kunst. Auf der Suche nach dem verlorenen Paradies.* Quadriga Verlag 2012.
Vercelloni, Matteo und Virgilio: *Geschichte der Gartenkultur.* Verlag Philipp von Zabern 2010.
Wabner, Dietrich; Beier, Christiane (Herausgeberin): *Aromatherapie, Grundlagen – Wirkprinzipien – Praxis.* Urban und Fischer Verlag 2012.
Wabner, Dietrich: *Die Heilkunst der Rose. Die Rose in Kultur, Kunst, Magie, Religion und Medizin.* In: *Schriftenreihe ätherische*

Öle für Therapie, Kosmetik und Parfümerie. Nr. 109. Garching bei München 2002.

Wabner, Dietrich: *Duft des Herzens – Rosenöl.* In: *Schriftenreihe Rosenmuseum Steinfurth,* hrsg. von Sabine Kübler. Steinfurth 1993.

Wabner, Dietrich/Beier, Christiane: *Aromatherapie.* München 2009

Witt, Reinhard: *Naturnahe Rosen.* Band 1: *Strauchrosen, Natur.* Ottenhofen 2011.

Witt, Reinhard: *Naturnahe Rosen.* Band 2: *Kletter- und Kleinstrauchrosen.* Ottenhofen 2011.

Zimmermann, Eliane: *Aromatherapie. Die Heilkraft ätherischer Öle.* Irisiana Verlag 2015.

Zimmermann, Eliane: *Hydrolate Pflanzenwässer. Die vergessene Dimension der Aromatherapie und Aromapflege.* Verlag Aromapflege 2018.

DANK

Diese Freude an der Natur und die Neugierde für Kräuter bekam ich von meiner Mutter mit auf meinen Lebensweg. Für diesen besonderen Schatz und dieses Erbe bin ich ihr unendlich dankbar und so habe ich unseren Betrieb, auf dem ich seit 2017 mit Kräutern arbeite, »KRÄUTER ERBE« benannt.

Im Namen KRÄUTER ERBE verbirgt sich zudem ein Wortspiel, denn Kräuter heißen im Italienischen *»erbe«*.

Mein Paradiesgartele gibt mir Kraft, und so habe ich die Zeit gefunden, diese Zeilen niederzuschreiben.

Ich bedanke mich bei allen Rosenkennerinnen und Kräuterkundigen, deren Gedanken ich verwende. Die Autoren und Autorinnen der Bücher, die mich geprägt oder inspiriert haben, findet ihr in der Literaturliste.

Danke all meinen Rosenfreunden und -freundinnen für den Austausch und dafür, dass ich euren Rosengarten besuchen durfte: Anna, Sabina und Helmuth Mairhofer von GALANTHUS, der Gärtnerei im Konvent, Lotte Zemmer vom ROSARIUM Uhrerhof, Luis Egger, dem Rosenkönig von Schenna, und Hansjörg Kröss, meinem Nalser Rosenfreund.

REGISTER

JUTTA TAPPEINER EBNER

Die Südtirolerin Jutta Tappeiner Ebner ist Kräuterpädagogin, Kneippgesundheitstrainerin und Fachreferentin mit Schwerpunkt Volksmedizin, Naturkosmetik, Räuchern und Brauchtum.
Seit 2017 führt sie den Bio-Obsthof »KRÄUTER ERBE Bacherhof« in Nals im Etschtal mit einem Bauernbadl, Hofprodukten und einer Kräuterakademie.

Kräutererbe Bacherhof
Gebreidweg 10 a
I 39010 Nals | Südtirol
www.kraeutererbe.info
bacherhof@gmail.com
Tel.: +39 333 898 8638

Elfie Courtenay

Die Hanf-Apotheke

Rezepte für ganzheitliche Heilung,
Gesundheit, Schönheit und Wohlbefinden

Der praktische Gesundheitsratgeber zur natürlichen Heilkraft der Hanfpflanze

Hanf ist eine der ältesten Heilpflanzen und wird seit über 6000 Jahren angebaut. Und sie ist viel mehr als nur eine Rauschdroge: Viele Kulturen setzen Cannabis sowie dessen Inhaltsstoffe seit Jahrhunderten zur Behandlung von diversen Krankheiten und Beschwerden ein. Das frei verkäufliche Cannabidiol/CBD-Öl wird inzwischen als Entzündungshemmer, zur Schmerzlinderung und als nervenschützende Substanz angeboten.
Die Natur- und Wildkräuterexpertin Elfie Courtenay weiß um die natürliche Heilwirkung von Hanfsamen und Hanfkraut. Sie erklärt alles Wichtige zur Geschichte des Hanfanbaus sowie zu Inhaltsstoffen und heilenden Nutzungsmöglichkeiten. Sie hat eine Auswahl besonders gesundheitsfördernder und genussvoller Rezepte zusammengestellt, die ganz einfach nachzumachen sind, und erklärt unter anderem, wie man aus den Samen von Nutzhanf wertvolle Sprossen zieht und mit seinen Blättern einen Ölauszug herstellt.

KNAUR
MENSSANA

Barbara Willen mit Andrea Micus

Die Beeren-Apotheke

Einfache Hausmittel direkt aus der Natur

Alles, was man zu Himbeeren & Co. wissen muss!

Beeren sind echte Naturmedizin! Sie enthalten nicht nur viele Vitamine, sondern stecken auch voller Anthocyane, die entgiften, Entzündungen hemmen und den Blutdruck regulieren.
Die Expertin Barbara Willen klärt in diesem Ratgeber über die natürliche Heilkraft von Beeren auf und bietet zahlreiche Anwendungsmöglichkeiten der kleinen Powerfrüchte. Sie stellt zehn aromatische Beerenarten vor und erklärt Schritt für Schritt, wie wir sie nicht nur genießen, sondern auch als Heilmittel nutzen können.
Ob frisch oder getrocknet, ob pur oder als Tee, Saft, Sirup, Mus und Tinktur: Beeren sind wahre Allroundtalente für Körper und Seele.

Mit Rezepturen zu: Brombeeren, Erdbeeren, Himbeeren, Holunderbeeren, Stachelbeeren, Johannisbeeren, Sanddornbeeren, Preiselbeeren, Blaubeeren, Moltebeeren.

KNAUR
MENSSANA

Antje Maly-Samiralow

Die Apfel-Apotheke

Hausmittel zum Selbermachen

Traditionelle Heilrezepturen und neueste Forschungsergebnisse

Dass ein Apfel am Tag den Arzt auf Abstand hält, weiß jeder. Aber warum das so ist, erklärt die Wissenschaftsautorin Antje Maly-Samiralow. In der »Apfel-Apotheke« wird traditionelles Heilwissen mit neuesten wissenschaftlichen Erkenntnissen verbunden. Ausgewiesene Experten geben Tipps zur heilenden Verwendung des Apfels, und Rezepte zu kraftvollen Apfelgerichten bereichern diesen Rundum-Ratgeber zur Heilkraft des Apfels.
Wer hat schon gewusst, dass Äpfel eine antientzündliche Wirkung haben, gegen Hämorrhoiden helfen und ein Tee von Apfelschalen einen sanft in den Schlaf befördern? Für die Stärkung seines Immunsystems kann man kaum etwas Besseres tun, als täglich ein bis zwei Äpfel zu essen, und zwar mit Schale, denn direkt unter der Schale sitzen die zahlreichen Vitamine. Auch über ein breites Spektrum an Mineralien verfügt »der Deutschen liebstes Obst«. Allein der Magnesiumgehalt bei vor allem getrockneten Äpfeln ist immens und hilft präventiv gegen Übermüdung und Stress.
Zu diesen Aspekten und vielen anderen mehr findet man in diesem schön ausgestatteten Ratgeber alles Wissenswerte über die Heilkraft einer Frucht, das uns das ganze Jahr über zugänglich ist wie kein anderes!

KNAUR
MENSSANA

Dr. Malte Rubach

Kaffee-Apotheke

Die Bohne für mehr Gesundheit

*Endlich Schluss mit den Kaffeemythen –
was die starke Bohne für unsere Gesundheit tun kann*

Eine Tasse Kaffee, tausend Inhaltsstoffe, eine Million Möglichkeiten. Dr. Malte Rubach ist Ernährungswissenschaftler und ein echter Kaffee-Experte. Mit diesem Kaffeeratgeber führt er uns nicht nur auf eine spannende Entdeckungsreise in die Welt des Kaffees, sondern geht insbesondere auf die positiven Auswirkungen von Kaffee auf die Gesundheit ein.
Denn was viele nicht wissen: Die starke Bohne macht nicht nur wach, sie wirkt auch positiv auf Herz und Kreislauf, die Leber, die Nieren und die Verdauung. Sie hilft bei Migräne und kann sogar bei Ängsten und Depressionen eine Stütze sein. So macht Gesundheit Spaß!
Dr. Malte Rubach räumt in diesem Buch außerdem mit allen Kaffeemythen auf und erklärt, wie man die gesundheitsfördernden Eigenschaften am besten für sich einsetzt.

Mit Tipps zur Anwendung, neuesten Forschungsergebnissen und tollen Rezepten frisch aus der Kaffeerösterei – für die innere und äußere Anwendung.

KNAUR
MENSSANA

Arnold Achmüller

Die Alpen-Apotheke

Hausmittel zum Selbermachen

Das alte Heilwissen aus den Alpen neu entdeckt

Bauerndoktoren aus dem Alpenraum nutzten schon immer die Heilkräfte der Natur und haben einen Schatz an wertvollen Hausmitteln hinterlassen. Das alte Wissen, das vielerorts schon in Vergessenheit geraten ist, hat der Apotheker Arnold Achmüller gesammelt, gesichtet, geprüft und um praktische Tipps erweitert.

Dieses Buch macht alte und erprobte Heilpraktiken wieder zugänglich – damit wir uns ein Stück Eigenständigkeit in Gesundheitsfragen bewahren.

- Vergessene Rezepte und Hausmittel bäuerlicher Kräuterdoktoren
- Nach Beschwerden gegliedertes Nachschlagewerk
- Hochwertige Ausstattung und durchgehend vierfarbig

KNAUR
MENSSANA

Dr. Markus Strauß

Die Wald-Apotheke

Bäume, Sträucher und Wildkräuter,
die nähren und heilen

Der gefragte und aus dem Fernsehen bekannte Wildpflanzen-Experte Dr. Markus Strauß erklärt, wie der Wald zu unserer natürlichen Ressource für Nahrung und Heilung werden kann. Bäume, Sträucher und Kräuter bildeten seit Anbeginn der Menschheit unsere Lebensgrundlage. Die Wald-Apotheke entdeckt dieses traditionelle Wissen neu. Ein praktischer Waldführer mit Kochrezepten, Heilrezepturen, Erntekalender und Sammelhinweisen.

In fünf Kapiteln präsentiert die Wald-Apotheke:

- Lebensmittel aus Wildpflanzen,
- Heilmittel aus Wurzeln oder Blättern,
- Genussmittel aus Waldbeeren oder Nadeln,
- Wellness aus Kastanien oder Kräutern,
- Räucherwerk aus Harzen für die natürliche Konservierung oder zur Meditation.

KNAUR
MENSSANA

Dr. Vinod Verma

Die Ayurveda-Apotheke

Einfache Hausmittel für kleine Beschwerden

Die bekannte Ayurveda-Ärztin Dr. Vinod Verma stellt eine Hausapotheke mit ayurvedischen Kräutern und Gewürzen für die häufigsten Beschwerden vor.
Es werden nur Zutaten verwendet, die auch in der Küche Verwendung finden und überall erhältlich sind. Dazu gehören Ingwer und Zimt ebenso wie Kurkuma und Kardamom.
Mit den über 100 Heilrezepten lassen sich gängige Alltagsbeschwerden auf natürliche Weise heilen. Dazu gehören Erkältungskrankheiten, Verdauungsprobleme, Hautkrankheiten, Kopfschmerzen oder Heuschnupfen.
Besondere Bedeutung haben Vorsorge-Programme für Darm, Immunsystem und einen guten Schlaf, die im Ayurveda die Voraussetzung sind für eine stabile Gesundheit.
Ein Extrakapitel bietet schnelle Hilfe bei Kinderkrankheiten.
Ein praktisches Nachschlagewerk zur angewandten Selbsthilfe aus einer der ältesten Heiltraditionen der Welt – übersichtlich und effektiv.

KNAUR
MENSSANA

Anne Simons

Die Suppen-Apotheke

Brühen, Fonds und Essenzen,
die stärken und heilen

Die wiederentdeckte Kraft der Suppen

Ob aus Knochen, Huhn, Meerestieren, Getreide oder Gemüse – schon die Großmütter wussten, wie heilsam natürliche Brühen sind. Ihre wertvolle Kraft besteht darin, sowohl den ganzen Organismus aufzubauen, als auch Erkrankungen wie Allergien, Immunschwäche oder Hautprobleme effektiv zu bekämpfen.

Die Gesundheitsexpertin Anne Simons vermittelt hier alles, was man über die Suppen wissen muss: von der Heilwirkung über die Anwendung bei gesundheitlichen Beschwerden bis hin zu Inhaltsstoffen und den besonders langen Kochzeiten.

Mit sechs Grundrezepten und zahlreichen Rezeptvariationen.

KNAUR
MENSSANA